A nos éditions, dans la même collection :

Ce que j'ai vu de Dieu, Bernard Gilardino.

J'étais en prison, Jésus m'a aimé, Marie-Véronique.

Jean Paul Hyvernat, prêtre pour l'éternité, Daniel et Odette Germain.

Bienheureuse Jeanne Beretta Molla,

Médecin mère de famille jusqu'au bout, Thierry Lelièvre.

Les yeux grands ouverts, José C. et Geneviève Fleury.

Estelle Satabin, un cœur de feu, M.C. Brocherieux et Gilles de Préville

Edition originale :

Serenity,
8016 Marion Dr.,
Maria Stein, OH 45860
(800) 869-1684

ISBN : 2-7403-0743-8

PIERRE ZHOU BANGJIU

L'aube se lève à l'Est

Récit d'un moine bénédictin chinois
emprisonné pendant 26 ans
dans les camps de la Chine communiste
au nom de la foi.

Traduit de l'anglais par Frédérique Barloy

Collection "*Témoins de l'amour*"

Pierre Téqui, *éditeur*
82 rue Bonaparte – 75006 Paris

獻詞

—敬獻洪榮福童貞聖母瑪利亞

天地皇后，永世童貞，
長助寫作，鳴謝書呈。

烈士元后，助我勝獸；
續援羣孩，戰而凱奏。

中華聖母，垂憫神州！
祈為求得，統一自由！

大能寬仁 救主母親，
促令共黨，領取救恩。

和平之后 憐愛萬民，
和平友愛，望賜紅塵。

DÉDICACE
à la Vierge Marie
Notre Mère bénie

Reine du ciel et de la terre,
Vierge éternelle,
je vous offre aujourd'hui avec gratitude
ce livre que vous m'avez aidé à écrire.

Reine des martyrs,
qui m'avez aidé
à vaincre la Bête,
afin qu'ils puissent, eux aussi, remporter la victoire,
venez secourir tous vos enfants.

Notre-Dame de Chine,
ayez pitié de votre Empire céleste !
Priez pour qu'il obtienne
la liberté et l'unité !

Toute puissante et miséricordieuse,
Mère de notre Sauveur,
veuillez conduire les communistes
a recevoir la grâce du salut.

Reine de la Paix,
amie de tous les peuples,
veuillez répandre sur le monde entier
la paix et la Charité.

AVANT-PROPOS du RÉVÉREND PÈRE ABBÉ pour la version française

C'est avec grande satisfaction que je présente aux lecteurs français ce livre de foi et de courage qui retrace une part importante de la vie de frère Pierre. Il est un signe vivant de l'éternel appel à suivre le Christ jusqu'au suprême sacrifice de soi pour le Royaume de Dieu. Que frère Pierre ait survécu aux privations et aux épreuves pendant tant d'années d'emprisonnement et de torture est le mystère de la grâce de Dieu. On peut simplement en déduire que son expérience était destinée à servir de témoignage de foi de l'Église souffrante en Chine et d'encouragement pour beaucoup à croire plus fermement dans les vérités de la foi.

La vie de frère Pierre s'inscrit dans la continuité avec les nombreuses vies de martyrs et de témoins du passé qui ont souffert au nom de leur foi chrétienne et au nom de l'unité de l'Église catholique, communauté universelle de la foi. Le chant composé par Frederick William Faber (1814-1863) traduit bien la vocation de frère Pierre.

Foi de nos pères! Toujours vivante malgré le cachot,
le feu et le tranchant :
Ô comme nos cœurs battent d'une grande joie,
Chaque fois que nous entendons ces mots éclatants :
Foi de nos pères, sainte foi!
Nous te serons fidèles jusqu'à la mort.
Nos pères, enchaînés au fond de sombres prisons,
Gardaient un cœur et un esprit libres :
Nos destins seraient bénis,
Si nous, comme eux, devions mourir pour Toi.
Foi de nos pères, sainte foi!
Nous te serons fidèles jusqu'à la mort.
Foi de nos pères!
La foi et la prière te gagneront toutes les nations;
Et par la vérité qui vient de Dieu,
l'Humanité sera rendue libre.
Foi de nos pères, sainte foi!
Nous te serons fidèles jusqu'à la mort.
Foi de nos pères!
Nous aimerons amis et ennemis dans tous nos combats :
Et nous t'annoncerons aussi, comme l'amour sait le faire, avec douceur et vertu.
Foi de nos pères, sainte foi! Nous te serons fidèles jusqu'à la mort.

L'histoire de frère Pierre nous invite et nous encourage à vivre plus fidèlement ce que nous avons reçu comme un don. Chaque vie est précieuse aux yeux de Dieu et peut transmettre aux autres dans ce monde transitoire ces vérités éternelles qui apportent la promesse d'une vie qui durera toujours. « *C'est bien, serviteur bon et fidèle...*

entre dans la joie de ton seigneur! » (Mt 25 ; 21). Que Dieu comble de bénédictions tous ceux qui liront ce livre.

Révérend Père Abbé Francis Benedict, O.S.B.
Valyermo, Californie, États-Unis.
11 février 1999
Fête de Notre-Dame de Lourdes

PRÉFACE DE FRÈRE PIERRE
pour la version française

Après la parution de mon livre, *Dawn Breaks in the East,* au mois de juillet 1992 aux États-Unis, une traduction en français avait été envisagée. L'enthousiasme et l'espoir que ce projet me procura devaient durer trois ans. Au terme de cette période, je dus, avec le temps, me résigner à abandonner toutes mes illusions voyant que finalement le projet était tombé à l'eau. Comme un beau mirage, tout s'était évanoui à l'horizon et je m'étais retrouvé seul avec mon regret de voir se refermer une porte. Vraiment, l'homme peut bien proposer mais c'est Dieu qui dispose !

Dieu, le miséricordieux et tout-puissant Seigneur, avait d'autres vues pour moi et pour mon livre. Le 29 novembre 1995, alors que j'entamais tout juste une neuvaine en l'honneur de la Vierge Marie pour la fête de l'Immaculée Conception qui devait avoir lieu bientôt, je reçus d'une façon inattendue, de la part du père bénédictin Werner Papeians de Morchoven, une nouvelle étonnante ; et de lire le lendemain la lettre d'une de ses amies de Paris, madame Frédérique Barloy, qui lui écrivait son intérêt pour mon livre, que le père Werner lui avait envoyé, et son désir de le traduire éventuellement. Je ne pus m'empêcher de lui répondre aussitôt et directement l'invitant personnellement à traduire mon livre de l'anglais en français. Le mois suivant, début janvier, elle m'envoya une réponse positive et m'annonçait qu'elle se mettait immédiatement au travail. Ainsi, mon si cher désir de partager mes expériences de lutte pour le Seigneur, dans la foi, avec mes frères et sœurs en Christ de langue française, allait enfin se réaliser et me permettre d'apporter ma petite contribution et mon encouragement dans leur vie spirituelle. Cette liaison entre elle et mon livre ne put voir le jour que grâce au lien qui m'unissait au père Werner, ce qui, d'une certaine façon, vint ajouter une note à la fois de mystère et de merveilleux. Il existe un proverbe chinois qui décrit bien ce genre d'union miraculeuse : « Le destin peut unir deux êtres éloignés à des milliers de kilomètres au moyen d'un simple fil de soie rouge ! »

Depuis février 1994, en écrivant la version chinoise de mon livre, je revoyais soigneusement le texte anglais, essayant de déceler et corriger toutes les erreurs possibles : du printemps 1994 à l'été 1995, grâce à l'aide appréciable de madame Pat Feller, de mademoiselle Jean De Bettignies, du père Philip Edwards, O.S.B., et de sœur Karen Wilhelmy, C.S.J., je m'engageais dans ce travail. A partir de l'automne 1995 jusqu'à la fin de 1996, grâce à la généreuse assistance de frère Thomas Babusis, O.S.B., et de janvier 1997 jusqu'à la publication de la nouvelle édition en anglais prévue pour le mois d'août 1999 et de la version française prévue pour décembre 1999, grâce aux précieuses directives du père Simon O'Donnell, O.S.B., toutes les corrections nécessaires, modifications et ajouts purent finalement être terminés à temps et insérés dans la version française. C'est en fait à la traduction française de Mme Barloy, à ses indications et à sa collaboration depuis le début de 1996, près de trois ans durant, que je dois d'y être parvenu. Je voudrais citer aussi les pères bénédictins François de Grunne et Gaétan Loriers, ce dernier devait nous quitter le 27 août 1996 à l'âge de 81 ans, ainsi que le révérend Père prieur Benedict Chao, O.C.S.O., qui ont bien voulu apporter leur contribution à cette traduction.

Je connais mal la France et la culture française, mais d'une certaine façon elles ne me sont pas tout à fait étrangères. On peut même dire que j'eus dès le berceau un lien privilégié avec ce pays. Quelques jours après ma naissance je fus baptisé par le père Du, nom chinois d'un missionnaire français des Missions étrangères de Paris, prêtre du district de Neijiang au Sichuan. Pendant les six années qui suivirent, mes parents m'emmenèrent chaque dimanche et à chaque fête importante assister aux messes qu'il célébrait dans l'église locale. Ce lien avec la France continua quand, vers l'âge de douze ans, je fus admis au monastère bénédictin de Sishan, dans le district de Nanchong, qui rassemblait des moines de différentes nationalités, mais qui avaient tous en commun la connaissance de la langue française, et qui s'en servaient pour parler entre eux tous les jours.

Pendant les vacances d'été de l'année 1948, à Chengdu, notre prieur, le père Raphaël Vinciarelli, O.S.B., (1897-1972) me fit suivre des cours de prononciation de la langue française auprès d'une dame belge, madame Germaine Braye Yuan. Ensuite, notre prieur et les pères Eleuthère Winance, Gaétan, François et Albéric Deloring (1911-1981) prirent le relais pour me permettre de poursuivre cette étude. A partir de 1952, jusqu'à mon emprisonnement en novembre 1955, j'eus l'occasion d'utiliser le français lorsque je dus correspondre avec cinq prêtres et une religieuse de langue française qui étaient soit à Shanghai, Canton, Hongkong, soit en Belgique. Mais je n'ai malheureusement jamais eu l'occasion pendant ces sept années, de lire le moindre livre de littérature française. Par contre, mon unique compagnon de lecture fut un missel français que je parcourais chaque jour. Le père Philippe Charles, des Missions Étrangères de Paris, recteur français du petit séminaire de Chengdu, m'enseigna le latin pendant un an. Le père Emile Butruille, un moine français du monastère, ainsi que le père Eleuthère avaient l'habitude d'écouter mes confessions en chinois ; ce dernier continue à le faire aujourd'hui aux États-Unis.

Le Sichuan, mon pays natal, est une province de Chine ayant subi une forte influence française, bien que longtemps connue pour avoir été le *Far-west* chinois, cette province n'en reste pas moins une des plus peuplées et des plus riches provinces de Chine. Une des plus belles aussi. Lorsque Thérèse de Lisieux se vit confier en 1897, la mission de prier pour un jeune prêtre des Missions étrangères de Paris, le père Roulland, en s'associant à son œuvre d'évangélisation de la Chine, dans la communion des saints, le Sichuan était une région éloignée de tout. Pourtant, son diocèse d'élection, Chongqing, devint dès le 20 novembre 1937, la capitale secondaire du pays, une sorte de centre du monde Chinois, quand le généralissime Chiang Kai-shek (1887-1975) y établit progressivement sa base arrière pour consolider sa position face à l'invasion nippone. D'une province arriérée, où naquit en 1904, Deng Xiaoping, le Sichuan devint du jour au lendemain un lieu où convergea une grande partie de l'intelligentsia chinoise et étrangère de Chine.

Thérèse de Lisieux (1873-1897) est une grande sainte des temps modernes, sa prière fervente et ses petits sacrifices dans la vie ordinaire pour le salut des êtres humains firent d'elle la patronne des Missions en 1927, juste deux ans après sa canonisation ; des églises furent érigées en son honneur un peu partout en Chine. Elle était la fierté et la gloire des Français. Durant l'hiver 1938, chaque soir avant le coucher, pendant un quart d'heure, notre professeur chinois, monsieur Yuan Helin, sur les instructions de nos supérieurs, lisait et commentait des passages de la célèbre autobiographie de Thérèse de Lisieux, *Histoire d'une âme,* traduite en chinois par monsieur Joseph Ma Xiangbo (1840-1939) en 1928. Il parcourut le livre du début jusqu'à la fin pour notre groupe d'une dizaine d'oblats étudiants. Sa fête, importante pour les chrétiens chinois, était à cette époque célébrée le 3 octobre, aujourd'hui elle a lieu le premier octobre, jour qui coïncide avec la fête communiste de la Libération nationale de la Chine, une date qui marque plutôt le début de sa soviétisation. Si je me souviens bien, ce fut à chaque fois l'occasion pour l'évêque local, Mgr Paul Wang Wencheng (1880-1961), de venir concélébrer avec nous au prieuré.

A la fin des années quarante, j'avais lu deux livres en chinois sur sainte Thérèse, publiés à Hongkong par la *Catholic Truth Society.* L'un était une biographie générale de sa vie dont le titre était *Sainte Thérèse,* et l'autre, une traduction en chinois classique de 1943, de monsieur Chen Xiangbo (Chan Heung Pak) de la *Science de l'Amour,* livre du célèbre juriste le docteur John Wu Jingxiong (C.H.Wu), (1899-1986), qui avait été à l'origine un article publié en 1940 dans le numéro d'avril du mensuel *Tien Hsia,* un des journaux en anglais des plus influents et des mieux vendus en Chine. Converti du protestantisme à la foi catholique sous les bombardements de Shanghai, en 1937, en lisant sainte Thérèse, John Wu n'en resta pas moins un authentique homme de culture chinoise qui chercha, à travers ses écrits, à montrer aux occidentaux une approche chinoise du christianisme. S'il était lui-même attaché en particulier aux valeurs du bouddhisme Chan (Zen), il sut aussi voir à travers le chemin original du confucéen Lu Zhengxiang (1871-1949) une nouvelle voie pour le christianisme. Ce confucéen, ancien ministre du gouvernement chinois au début du siècle, était devenu moine bénédictin à l'abbaye de Saint André de Bruges (en Belgique) en 1927.

Le généralissime Chiang Kai-shek et sa femme, Chiang-Sung Mei-ling invitèrent John Wu, en septembre 1940, trois mois après la mort du père Vincent Lebbe à Chongqing, à traduire les psaumes et le Nouveau Testament pour qu'ils puissent véritablement être lus. En 1946, sa version des Psaumes fut publiée à Shanghai pour devenir un best seller, et trois ans plus tard, en 1949, paraissait à Hong Kong sa version du Nouveau Testament. Ces nouvelles traductions dans le style rythmé du chinois classique devaient marquer une étape décisive dans l'histoire de l'Église en Chine dont le clergé était devenu plus indigène avec la nomination des six premiers évêques chinois en 1926. Souscrivant à cette traduction toute nouvelle du Nouveau Testament, Dom Célestin Lu Zhengxiang, O.S.B., devait dire : « *Son utilisation du chinois classique et des expressions chinoises donne les clés pour une synthèse vivante entre l'Est et l'Ouest, telle une tunique sans couture ou des morceaux de charbons trempés et fondus dans la fournaise du divin Amour* ». Toute la culture chinoise traditionnelle fut désormais greffée officiellement sur le catholicisme. Quelque chose de nouveau était né. Si les Rouges n'avaient pas déployé tous leurs efforts pour détruire et anéantir les fruits et le travail et même la présence de l'Église en Chine, celle-ci eut certainement connu un essor considérable, apportant en même temps son rayonnement dans l'Église universelle. John Wu fut nommé ministre de Chine près du Saint Siège à partir de septembre 1946 jusqu'au mois de juin 1949, où il eut l'occasion de bien connaître Jacques Maritain (1882-1973), ambassadeur français près du Saint Siège de 1945 à 1948 et grand philosophe thomiste. Il fut aussi un ami intime de notre prieur, le père Raphaël Vinciarelli, et avait été reçu comme oblat de notre monastère, le 21 mars 1940. Il offrit sa calligraphie pour la page de garde du livre du père Raphaël, *Philosophie et Religion,* publié à Hongkong en janvier 1948, et traduit du français en chinois à Chengdu en décembre 1946 par M. Li Youxing, un converti et Président de l'Académie des Arts du Sichuan.

En tant que fille aînée de l'Église, la France donna depuis des siècles à l'Église, et à l'humanité, beaucoup de saints exemplaires qui ont accompli des actions remarquables. Sainte Thérèse en est une des figures les plus récentes et elle a joui en Chine, comme partout ailleurs dans le monde, d'une très grande popularité et fut très admirée ; son influence dans l'histoire de l'Église a été prodigieuse. La petite voie d'enfance spirituelle dont elle est le chantre lui a valu d'être proclamée le 19 octobre 1997, pour le soixante-dixième dimanche de la Mission, par Jean-Paul II sur la place Saint-Pierre à Rome, 33e Docteur de l'Église et la troisième femme à bénéficier de ce titre. Nous devrions tous marcher dans ses pas, remplissant nos tâches quotidiennes dans un amour brûlant pour le Seigneur, pour les autres et pour le salut de tous !

Si la France a exercé une grande influence en Chine sur le plan religieux, elle fut aussi très influente dans le domaine politique et social. Dès la fin de la première guerre mondiale et le début des années 20, un certain nombre de travailleurs-étudiants venus de Chine en France, subirent son ascendant à travers la lecture de journaux comme l'*Humanité* qui diffusait les théories de Marx et de Lénine, ils furent séduits par la propagande et les avantages économiques mis à leurs dispositions par les communistes soviétiques envoyés de Moscou à Paris par la Troisième Internationale, appelée aussi l'*Internationale communiste.* Cette organisation dirigeant tous les partis communistes du monde avait été fondée par Lénine à Moscou en mars 1919 et devait être dissoute par Staline en juin 1943. Dès lors, ces étudiants chinois se tournèrent vers le communisme, participèrent aux activités des organes naissants de la Troisième Internationale et fondèrent leurs propres organisations communistes. Ce fut donc en France que ces étudiants furent formés pour devenir des communistes, et ce fut Deng Xiaoping, qui fut responsable trois années durant des liaisons communistes dans le secteur de Bayeux, et qui succéda en juillet 1924 à Zhou Enlai en tant que chef du groupe communiste en France. Deng Xiaoping, Zhou Enlai et Chen Yi, pour ne citer qu'eux, furent parmi les plus actifs militants de cette période française, ils accéderont par la suite aux postes de responsabilité les plus élevés au sein du parti communiste en Chine et se révèleront parmi les plus zélés disciples de Mao Zedong. Ils sont à l'origine de la plus grande tragédie jamais survenue en Chine et peut-être dans le monde entier.

L'Internationale, qui est bien connue des communistes chinois pour être le « chant révolutionnaire des prolétariens du monde entier » fut l'œuvre de deux français, Pierre Degeyter (1848-1932) pour la mélodie et Eugène Pottier (1816-1888) pour le texte. Ce fut très exactement le 23 juillet 1888, à Lille, que ce chant fut entonné pour la première fois lors d'une représentation. Par la suite, il fut diffusé à l'étranger jusqu'à devenir l'hymne national de l'Union soviétique de 1917 à 1944 et le chant universel du monde communiste. C'est au rythme de ce chant de guerre révolutionnaire que, dès le tout début, les communistes chinois écrasèrent la démocratie, piétinèrent les libertés, exploitèrent les gens, trompèrent l'opinion mondiale tout en remportant une certaine adhésion internationale et un certain nombre d'amis à l'étranger.

Ils n'ont pas voulu reconnaître Jésus comme leur vrai Sauveur. Ils se présentèrent vainement en héros, ou plutôt, ils érigèrent Lénine, Staline ou Mao Zedong en sauveurs de la Chine et du monde entier, ce qui ne pouvait être que l'annonce inéluctable de leur propre destruction future !

En dépit de cette puissante influence des Français athées et anti-chrétiens, qui répandit ces valeurs néfastes dans le monde entier, générant de véritables fléaux, la France offrit néanmoins à la Chine, et à bien d'autres pays, un esprit de charité grâce à ses innombrables prêtres et religieuses remplis d'amour, de zèle et de ferveur et venus guider les gens sur le chemin du salut. Certains allèrent jusqu'à sacrifier leur vie au nom de leur mission sacrée d'évangélisation lors des fréquentes persécutions qui survinrent ici ou là.

Le 4 juin 1989, place Tiananmen, à Pékin, l'armée communiste chinoise tua des centaines d'étudiants et ouvriers qui manifestaient non-violemment pour la démocratie et la liberté. Le 2 juin 1996, deux jours avant le 7e anniversaire du massacre, le pape Jean-Paul II canonisa à Rome, le bienheureux père Jean-Gabriel Perboyre, C.M., (1802-1840), un missionnaire français, du nom chinois de Dong Wenxue, mort avec courage à Wuchang, dans la province du Hubei le 11 septembre 1840, après avoir subi un cruel martyre. Sur sept cents ans d'histoire de l'Église en Chine, il est le premier martyr à avoir été déclaré saint canoniquement par un pape. Ce fut un grand événement et un honneur commun à la fois pour les Français et pour les Chinois ! Et je souhaite du fond du cœur, qu'avec la grâce de Dieu, cela puisse contribuer à conduire la persécution religieuse communiste actuelle à son terme !

Ce fut par l'effort constant et laborieux d'un grand nombre de missionnaires français que mes ancêtres purent accéder à la Foi catholique dont j'ai hérité. Par surcroît, Dieu me fit le don d'être appelé et admis au prieuré de Sishan, fondé à Nanchong par des moines bénédictins belges parlant le français. A leur contact, à Chengdu, je pus acquérir quelques notions de culture et de langue française, ce fut sous leur impulsion que je me lançai dans l'aventure spirituelle de la Foi. Enfin, ce fut encore une fois grâce à eux qu'il me fut possible de franchir le *Rideau de bambou.* Comment leur témoigner aujourd'hui, ainsi qu'à tous les autres français et missionnaires qui me prodiguèrent tant de bienveillance et me comblèrent de tant de générosité, toute ma gratitude ? Madame Barloy a bien voulu traduire gracieusement mon livre en français. Son excellent travail me permet de répondre à ce désir de pouvoir leur raconter, ainsi qu'à tous ceux qui parlent le français, le récit de mon combat face aux communistes chinois et de mon témoignage rendu au Christ durant 33 années; des années qui furent difficiles mais heureuses. J'aimerais qu'ils accueillent mon histoire comme le fruit concret de ma reconnaissance la plus sincère! Et je continue à prier Notre-Dame de Lourdes de les combler de toute sa maternelle protection.

J'espère un jour pouvoir me rendre en pèlerinage à Lourdes, sanctuaire de la Vierge Marie. Aujourd'hui, plus d'un siècle après, les messages et l'amour donnés par la Vierge Immaculée (conçue sans péché) lors de ses apparitions, sont toujours valables, importants, vrais et captivants : par les prières et les pénitences des pécheurs que nous sommes, nous pouvons aider les autres et nous aider nous-mêmes à nous convertir et à trouver le salut; l'eau bénite de Lourdes continue à se déverser pour guérir toutes sortes de maladies et à faire des miracles en rendant aux pèlerins leurs cœurs purs et leurs convictions affermies. C'est un haut-lieu de prière et de conversion qui rayonne dans le monde entier. Quelle bonté, quelle force dans la foi n'as-tu pas prodigué au catholicisme, Ô France, et à nous tous! J'aimerais venir chez toi me mêler un jour à la foule et montrer à Notre-Dame toute ma vénération et ma reconnaissance!

L'intérêt et la ferveur, le soin et la rapidité avec lesquels madame Barloy a su acheminer son travail jusqu'au bout, ses efforts soutenus et son idéal restent un témoignage inoubliable et je voudrais lui manifester, ainsi qu'à toute sa famille, ma profonde et intime reconnaissance.

Enfin, je voudrais remercier le père abbé Francis Benedict, O.S.B., pour ses précieux encouragements et pour l'avant-propos qu'il a bien voulu écrire pour l'édition en français ; ainsi que monsieur Jim Moeller, éditeur de la version anglaise, pour son mot et pour sa coopération pour cette nouvelle édition, ainsi que tous mes amis nommés ou non (mais pas oubliés) qui m'ont aidé directement ou indirectement.

Que le Seigneur miséricordieux bénisse chacun de mes amis ainsi que tous mes chers nouveaux lecteurs !

Dans son infaillible amour,

Frère Pierre Zhou Bangjiu, O.S.B.
Abbaye de St André
Valyermo, Californie, USA
le 8 décembre 1998
Fête de l'Immaculée Conception de la Vierge Marie.

REMARQUES

1. *Pour tous les noms chinois du texte, nous utilisons le mode de transcription phonétique « Pinyin », excepté pour Pékin (Beijing), Canton (Guangzhou), Hong Kong (Xianggang), Kowloon (Jiulong), Sishan (Xishan), ainsi que pour tous les noms de personnes vivant en dehors du continent chinois ayant déjà leur propres transcriptions.*

2. *Toutes les références bibliques sont traduites à partir de la Bible de Jérusalem, éd. 1975.*

3. *Dans la traduction des poèmes de cette version, nous nous sommes attachés essentiellement au sens, les harmonies des rythmes et des sons propres aux caractères chinois restant difficiles à reproduire en français.*

4. *Très sincèrement, je n'ai jamais été particulièrement doué pour la calligraphie et écrire certains poèmes de ce livre en caractères chinois fut un travail fastidieux à cause du handicap de ma main droite. Mais j'ai fait de mon mieux pour rendre la lecture des caractères aussi agréable que possible non seulement pour les yeux mais aussi pour l'esprit du lecteur.*

5. *Les expressions « réunion d'accusation », « réunion de critiques », « réunion de lutte » et « réunions de critiques et de lutte » utilisées dans le texte visent des rassemblements de foule plus ou moins dense ou déchaînée dont le but était d'accuser, de critiquer ou de lutter contre les « fautes » ou actes, paroles, pensées, articles, œuvres littéraires et artistiques dits « criminels » d'une personne, d'un groupe ou d'une organisation. Ces meetings, qui duraient un à plusieurs jours, voire une semaine à un mois et même parfois davantage, servaient à forcer les victimes à s'incliner et à se rendre sous la forte pression des cris, reproches, insultes, coups et tortures qui se répétaient à l'infini. Ce fut la méthode la plus ordinaire, la plus courante et la plus constante utilisée par Mao Zedong et les adeptes de son cruel régime pour diriger, contrôler, opprimer et persécuter le peuple, y compris les membres ordinaires et les dirigeants de son parti communiste chinois.*

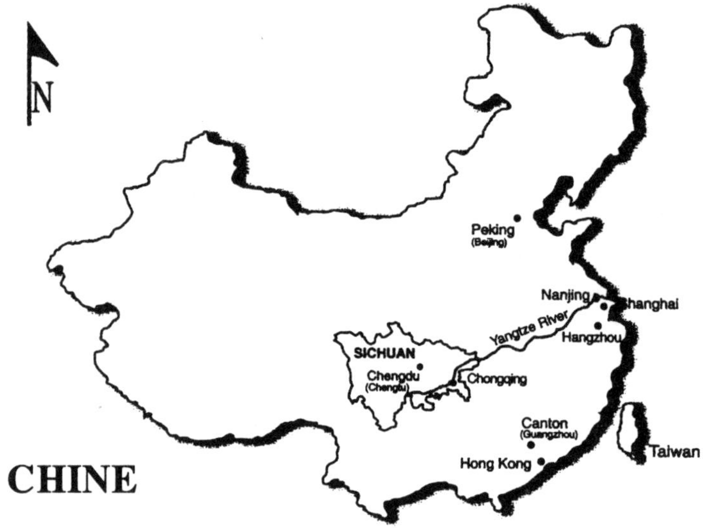
N
Peking
(Beijing)
Nanjing
Shanghai
Yangtze River
Hangzhou
SICHUAN
Chengdu
Chongqing
Canton
(Guangzhou)
Hong Kong
Taiwan
CHINE

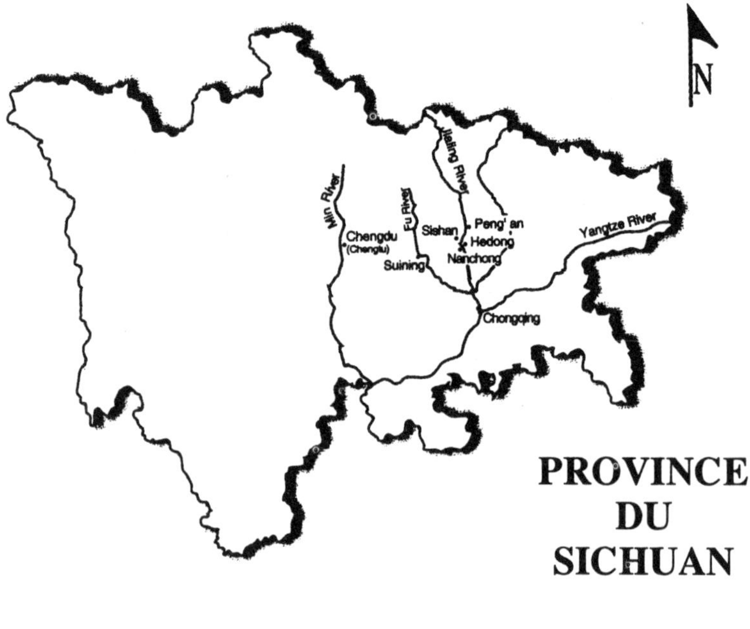
N
Min River
Fu River
Jialing River
Chengdu
Sishan
Peng' an
Hedong
Nanchong
Suining
Yangtze River
Chongqing
PROVINCE
DU
SICHUAN

PREMIÈRE PARTIE

LE SENTIER DE LA RÉSISTANCE

INTRODUCTION

Tout comme Job, l'homme juste de l'Ancien Testament, dont l'épreuve douloureuse dépasse toute compréhension et imagination humaine, l'Église catholique sur le continent chinois a connu l'horreur de la terreur rouge lorsque tout le pays passa sous le contrôle des communistes au début de l'année 1950. Dès le commencement les communistes chinois nourrirent une haine radicale à l'égard des religions et en particulier à l'égard de la religion catholique. L'Église et la Foi étaient considérées comme des obstacles réels à la diffusion de la pensée marxiste-léniniste athée du Parti et à l'exercice de leur souveraineté cruelle et despotique sur le peuple, à cause de sa parfaite doctrine et organisation difficiles à briser. Il fallait que les communistes détruisent ces obstacles pour pouvoir imposer leur *dictature du prolétariat* sur tout le pays et tenir ainsi le peuple sous le joug d'un esclavage physique et psychologique. L'Église, qui est instrument de salut et témoin de la vérité, était devenue à leurs yeux comme une écharde au pied qu'il fallait absolument extirper.

Survolons brièvement l'histoire de l'Église en Chine, de ses débuts jusqu'à la veille de la soviétisation du pays, avant d'aborder la question des moyens concrets utilisés par le gouvernement communiste chinois pendant la persécution. On verra de quel cœur les missionnaires étrangers donnèrent leur vie pour le salut des chinois qu'ils aimaient et cela depuis toujours et tout au long des siècles, les autorités de l'Église cherchant à fonder un clergé local dans le but de laisser un jour les paroisses, diocèses et archidiocèses entre leurs mains et d'ériger ainsi une église locale au plus vite.

En dehors du taoïsme, qui trouve sa source en Chine, comme il apparaît, comme le bouddhisme, l'islam et le protestantisme, le catholicisme est de son côté considéré comme une religion importée de l'étranger, une idée commune qui, en fait, ne correspond pas à la réalité historique. En 1489 à Kaifeng, province du Henan, en l'an deux du règne de l'Empereur Hongzhi de la dynastie des Ming, une tablette en pierre avec l'inscription *Stèle de Yicileye* fut déterrée. *Yicileye* est une traduction ancienne du mot Israël qui désignait aussi le judaïsme. L'inscription sur la stèle révélait que le judaïsme avait pénétré en Chine dès l'époque de la dynastie des Zhou, à une période très reculée, il y a plus de deux mille ans. A la suite de travaux approfondis, un écrivain catholique de renom, décédée le 21 avril 1999 à l'âge de 104 ans, mademoiselle Su Hsuen-lin, ancien professeur de littérature chinoise à l'Université nationale Cheng Kung de Taïwan, fut fermement convaincue de l'authenticité et de la fiabilité des données recueillies grâce aux inscriptions. Elle défendit la thèse selon laquelle le judaïsme aurait modelé la notion monothéiste qui existait dans la culture de l'antiquité chinoise, qu'il aurait été un des fondements de ce qui allait devenir le confucianisme par son très fort rayonnement sur les écoles confucéennes et la culture traditionnelle chinoise. Mademoiselle Su publia une monographie sur le sujet en mai 1950 à Hongkong, sous le titre : *La Culture chinoise traditionnelle et l'Église catholique antique.* Ce livret nous livre des démonstrations solides et convainquantes venant étayer sa thèse, qui ont été faites sur la base d'un grand nombre de documents irréfutables réunis à partir des inscriptions sur os et sur écailles de tortue de la dynastie des Shang (1766-1122 av.J.C. ou 1523-1027 av. J.C.), ainsi qu'à partir de recueils de la Chine antique, tels que les Canons confucéens, les textes philosophiques ou historiques. Elle répertoria aussi les nombreuses similarités et coutumes identiques de la structure sociale des deux anciens peuples chinois et hébreux. En s'appuyant sur des documents fiables tirés des anciens recueils chinois, elle apporta la preuve que Mozi (Mo Di ou Mo Tze) (468-376 av. J.C.), célèbre philosophe de la dynastie des Zhou (1 122-249 av. J.C.) fut un grand maître du judaïsme dont la doctrine influença d'une façon significative la doctrine de Confucius (Kongzi) (551-479 av. J.C.) et de Mencius (Mengzi) (372 ?-289 av. J.C.), principaux représentants de la culture traditionnelle chinoise. Par conséquent, le catholicisme, dans le fondement de ses croyances (le monothéisme) et la liturgie (adoration de Dieu), ne pouvait pas être perçu par la société chinoise et sa culture traditionnelle comme un phénomène nouveau ou étranger, c'est pourquoi au contraire il fut facilement assimilé et adopté.

En 1625, an cinq du règne de l'Empereur Tianqi de la dynastie des Ming, la *Stèle de l'Église Nestorienne* fut découverte au cours de fouilles effectuées dans la banlieue ouest de la ville de Xi'an, dans la province du Shaanxi. Cette tablette avait été érigée en 781, an deux du règne de l'Empereur Jianzhong de la dynastie des Tang. Les inscriptions nous enseignent qu'un missionnaire nestorien, *Alopeno* (Abraham ou Rabban), vint de Perse en 635, an neuf du règne de l'Empereur Zhengguan, et introduisit l'Église nestorienne à Chang'an (aujourd'hui Xi'an) alors capitale de la Chine. Cette Église schismatique finit par disparaître inexorablement dans l'oubli quelque deux cents ans après son arrivée.

C'est en 1294, dans les premières années de la dynastie des Yuan (1279-1368) que le catholicisme fit son entrée officielle en Chine avec la venue du franciscain le père Jean de Montecorvino (1247-1328). Ce missionnaire italien qui était envoyé par le pape Nicolas IV fut nommé par la suite archevêque de Pékin par le pape Clément V. Après sa mort, les missionnaires envoyés d'Europe furent rares et sur ceux qui furent envoyés aucun ne parvint jusqu'en Chine ou n'entra sur le territoire et bientôt l'Église en Chine commença à se dissoudre progressivement.

L'évangélisation de la Chine ne recommença qu'à partir de 1583, sous le règne de l'Empereur Wanli de la dynastie des Ming, avec l'arrivée à Zhaoqing dans la province du Guangdong de deux Jésuites italiens, les pères Michel Ruggieri (1543-1607) et Matthieu Ricci (1552-1610). A partir de cette époque des missionnaires étrangers d'ordres religieux très divers furent envoyés de différents pays pour continuer l'œuvre d'évangélisation interrompue. Grâce au travail ardu et à la formation entrepris par l'effort conjoint des missionnaires et des prêtres ainsi que laïcs chinois, la foi catholique fut introduite, à partir de villes côtières comme Pékin, Shanghai, Hangzhou, Nanjing et Canton, jusque dans les villes et les villages des provinces intérieures, et même jusque dans les régions les plus reculées du *Far-West* chinois, où chapelles et églises furent construites une par une recouvrant tout le pays. L'Église connût un développement constant, y compris lors des persécutions localisées ou d'envergure nationale. Entre le 11 mai 1610, date de la mort du père Matthieu Ricci à Pékin, et 1948, date à laquelle les communistes envahirent le territoire chinois, le nombre des catholiques passa de 2 500 à 3 274 000 ; il y avait 5 780 prêtres indigènes ou étrangers, 1107 moines et 7 463 sœurs ; 3 universités, 156 collèges, 2 009 écoles primaires, 1 063 hôpitaux et dispensaires, ainsi que 272 orphelinats.

En 1640, an treize du règne de l'Empereur Chongzhen, un Jésuite italien, le père Ludovic Buglio (1606-1682) arriva au Sichuan et évangélisa pour la première fois notre province. A partir de 1752, les pères des Missions Étrangères de Paris (MEP) vinrent poursuivre l'œuvre ébauchée tandis que certains connurent le martyre et arrosèrent de leur sang l'arbre de la Foi. En 1949, la province rassemblait environ 300 000 fidèles, sept diocèses dont trois étaient sous l'entière responsabilité d'évêques et de prêtres indigènes ; les quatre autres étant administrés par des évêques français et des prêtres français ou originaires de la province. Il y avait alors dans le diocèse de Chengdu près de 40 000 catholiques, un nouvel évêque français, Mgr Henri Pinault, MEP, un certain nombre de religieuses chinoises et françaises, franciscaines missionnaires de Marie, FMM ; un petit séminaire, un grand séminaire, un collège de garçons et un collège de jeunes filles ; il existait dans la ville de Chengdu plusieurs orphelinats et un hôpital dirigé par les franciscaines ; une cathédrale et six églises dont quatre dépendaient des prêtres diocésains, une des rédemptoristes espagnols et la plus petite dépendait des bénédictins de notre monastère.

Les rites sacrificiels réservés aux ancêtres et les rituels de vénération envers Confucius sont des coutumes propres à la société chinoise et pratiquées par les Chinois. De là devait surgir entre les différentes congrégations étrangères le grave conflit de « *la querelle des rites* », qui divisa ceux qui d'un côté pensaient que l'étiquette était une forme de superstition et de religion, et ceux qui de l'autre n'y voyaient qu'une simple coutume formelle et sociale. Les controverses se multiplièrent sans fin entre les prêtres étrangers ou chinois et entre les laïcs, y compris entre les autorités de l'Église et le gouvernement des Qing, et la question resta sans solution pendant près de trois siècles, ce qui eut pour effet de mettre un frein sévère au travail d'évangélisation et à la croissance du nombre des chrétiens. Le conflit sortit officiellement de l'impasse seulement à partir du 8 décembre 1939, lorsque la Sacrée Congrégation pour la Foi publia son décret autorisant la pratique des rites chinois. En outre, après la *Guerre de l'opium* de 1842, un autre grave problème avait surgi qui acheva de compromettre l'œuvre d'évangélisation.

La clause de « Liberté pour les missions » incluse dans les traités inégaux imposés de force au gouvernement des Qing par les puissances occidentales eut pour effet de modifier le regard porté par les Empereurs Mandchous, l'intelligentsia et même le peuple chinois, plutôt favorables au départ à l'Église, à ses missionnaires et à ses fidèles. Ils ne les considérèrent désormais plus qu'avec rejet, voire même avec haine. Cette hostilité se transforma en violente persécution contre l'Église lors de la révolte des Boxers en 1900, orchestrée par l'Impératrice douairière Ci Xi (Tzu Hsi) (1835-1908), qui coûta le sacrifice de 4 évêques, 31 prêtres et plus de 30 000 fidèles, sans compter la destruction d'un grand nombre d'églises.

Après cette tragédie sanglante, un grand nombre de Chinois conservèrent leurs préjugés et leur hostilité vis-à-vis de l'Église catholique, lui gardant l'étiquette de « religion étrangère ».

Pour donner une meilleure image d'elle-même aux Chinois et obtenir des résultats apostoliques, tout en continuant à inciter les missionnaires à apprendre correctement la langue du pays, à porter des vêtements chinois, à s'insérer dans la culture et les coutumes locales et à s'assurer la formation d'un clergé local de plus en plus nombreux, l'Église essaya de faire fonctionner davantage de séminaires, des écoles, de publier des revues, des livres et des journaux, de fonder des orphelinats, des dispensaires et des hôpitaux. En 1922, le pape Pie XI nomma pour la Chine l'archevêque, Mgr Celso Costantini (1876-1958) comme premier délégué apostolique ; le 28 décembre 1926, il consacra personnellement les six premiers évêques chinois en la basilique Saint-Pierre de Rome. Après la deuxième guerre mondiale, le 24 décembre 1945, le pape Pie XII éleva à la fonction de cardinal Mgr Thomas Tian Gengxin (Tien Keng-hsin) (1890-1967), premier cardinal de toute l'Asie du sud-est, tandis que le 11 avril 1946 était établie la hiérarchie ecclésiastique en Chine. Deux mois plus tard, le 6 juillet 1946 l'archevêque, Mgr Antonio Riberi fut nommé premier internonce en Chine, tandis que de son côté, le 10 septembre 1946, le gouvernement chinois nommait comme représentant près le Saint-Siège, le docteur John Wu Jingxiong (C.H.WU) (1899-1986). Tous ces signes semblaient annoncer une certaine prospérité de l'Église en Chine. Les perpectives d'avenir auxquelles on pouvait s'attendre auraient pu se réaliser si la rébellion armée du parti communiste avait échoué. Après la soviétisation de l'ensemble du continent, le Saint-Siège ne relâcha pas son attention sur l'Église en Chine et devait annoncer à différentes reprises la création de quatre nouveaux cardinaux : le 28 mars 1969, de l'archevêque de Nanjing, Mgr Paul Yu Pin (1901-1978), le 29 juin 1988, de Mgr Jean-Baptiste Wu Cheng-chung, le 29 mai 1991, de Mgr Ignace Gong Pinmei (Kung Pin-mei), (né en 1901), en reconnaissance de son combat mené avec tant de ténacité pour l'Église avec les fidèles de son diocèse de Shanghai, d'abord pendant les six premières années dans sa cathédrale, puis pendant trente ans dans les prisons communistes chinoises, et enfin pendant trois ans sous la surveillance des membres de « l'église patriotique », et le 18 janvier 1998, de l'archevêque de Kaohsiung, Mgr Paul Shan, S.J. Par ailleurs, le 2 juin 1996, le pape Jean Paul II canonisait un missionnaire français, le père Jean-Gabriel Perboyre, Dong Wenxue en chinois, (1802-1840), le premier saint sur la longue liste des bienheureux martyrs de Chine.

Pendant les huit années de guerre de résistance contre le Japon (1937-1945), quelques prêtres étrangers et chinois, des religieux et des fidèles s'engagèrent directement dans cette guerre difficile, ils apportèrent leur contribution déployant un zèle patriotique prodigieux. Il faut évoquer ici notamment les actions remarquables du cardinal Paul Yu Pin et du père Vincent Lebbe (1877-1940).

Grâce à ses déplacements fréquents et fructueux à l'étranger et à ses nombreux discours, Mgr Paul Yu Pin, alors évêque de Nankin, sut gagner les étrangers à la cause chinoise et conquérir la compréhension, la sympathie et le soutien international dans la guerre chinoise contre l'agression japonaise. Au nom du Conseil politique du peuple, au nom du peuple lui-même, du gouvernement nationaliste et de l'Église, il montait régulièrement au front pour saluer, conforter le moral et exprimer sa gratitude aux soldats et officiers. Il tenta d'apporter secours et réconfort aux réfugiés et aux orphelins. Il fit de son mieux pour entretenir de bonnes relations entre le gouvernement et l'Église, et pour garantir la sécurité des missionnaires étrangers et sauvegarder la liberté de leurs activités religieuses. Il était souvent invité par la population, toutes catégories confondues, à venir faire ses discours émouvants. Un après-midi de décembre 1944, tandis qu'il se trouvait à Chengdu et demeurait à la cathédrale, sur l'invitation du Bureau provincial de l'éducation il vint nous faire une conférence au collège de Lida où l'attendait une assemblée d'environ sept cents élèves, ce qui représentait une bonne partie des collégiens de la capitale. Il fut véritablement un remarquable évêque chinois dont les brillants efforts au service de la gloire de Dieu, de l'Église, de la nation et du peuple de Chine lui valurent de jouir d'un grand respect, d'une popularité et d'un grand prestige à la fois parmi les chrétiens et les non-chrétiens de Chine et d'ailleurs !

Le père Vincent Lebbe, lazariste d'origine belge, dont le nom chinois est Lei Mingyuan, ce qui signifie : *Le tonnerre qui chante au loin,* fut un missionnaire de renommée ayant pris la nationalité chinoise en juillet 1927 et l'un des grands défenseurs et actifs promoteurs de l'établissement d'un clergé chinois. Ordonné prêtre à Pékin en octobre 1901, il œuvra à l'évangélisation du peuple chinois pendant quarante ans, de 1900 à 1940. Parfaitement maître de la langue locale, le père Lebbe joua un rôle considérable en Chine, dans le peuple et dans l'Église, par ses homélies, conférences et articles, par ses journaux, revues, écoles, organisations religieuses et ses congrégations. Pour pouvoir rejoindre le front de résistance dans la guerre contre le Japon, le 20 août 1937, il organisa un corps de brancardiers avec les moines de la congrégation des Petits Frères de Saint Jean-Baptiste qu'il avait fondée le 16 décembre 1928 à Anguo dans la province du Hebei et avec les religieuses de sa congrégation féminine, les Petites Sœurs de Sainte Thérèse de L'Enfant-Jésus, fondée aussi à Anguo le 15 août 1929. Le 1er octobre 1938, à l'appel du généralissime Chiang Kaishek (1887-1975), il recruta des volontaires parmi les chrétiens et non-chrétiens pour constituer une unité spéciale dont le but était d'édifier le sentiment patriotique des populations paysannes sur les lignes arrières et pour organiser la résistance face à l'envahisseur japonais. Pendant près de trois ans, il travailla durement sur le front pour sauver les soldats blessés, il les servait et leur apportait du réconfort dans les hôpitaux de campagne, tout en aidant et formant les membres de son unité. En février 1940, une vingtaine de ses membres et vingt de ses Petits Frères, alors qu'ils avaient pénétré une zone rouge, furent malheureusement arrêtés sans motif par l'armée communiste tandis que le père Lebbe s'échappa in extremis. Douze des principaux frères furent massacrés. En février 1940, le père Lebbe est capturé et arrêté à son tour à Lin Xian, dans la province du Henan. Grâce aux protestations de l'opinion, et plus particulièrement, grâce aux télégrammes de dernière minute lancé par le généralissime Chiang exigeant sa libération, le 17 avril 1940, il fut finalement relâché, la santé ruinée. Le 14 juin, quand il fut rapatrié de Luoyang à Chongqing (capitale de guerre) dans un avion du gouvernement nationaliste spécialement affrété, il était clair qu'il ne récupérerait pas de son état d'épuisement physique et moral. Et là, le 24 juin 1940, en grand apôtre chinois et en remarquable patriote, il connut, pour ainsi dire, le martyre en mourant d'épuisement ; il fut enterré deux jours plus tard, le 26 juin, à Geleshan, sur la colline de *La Joie qui chante.* Il reçut les honneurs de la Nation avec une déclaration officielle d'éloge et de compassion de la part du gouvernement nationaliste le 18 juillet suivant et, en particulier, le présent d'un poème élégiaque de la part du généralissime Chiang en personne :

« *L'Amour universel, c'est la vertu d'Humanité,*
Avec ton désir de sauver les hommes
tu n'as pas craint de regarder le Christ !

Tu ne cédais pas devant la force,
Pour la Chine, tu as consumé ta vie
jusqu'à l'anéantissement ! »

Juste la veille de sa mort, à la question que lui posait Mgr Paul Yu Pin : « *Quel est votre dernière volonté pour le peuple entier et votre opinion sur le parti communiste chinois ?* », il répondit d'une voix étouffée mais claire (d'après une biographie de l'archevêque Paul Yu Pin, à l'origine du Mouvement Pacifique de Libération (p. 16) écrite par le père Raymond de Jaegher, et publiée au Vietnam en mai 1959) :

« *Les communistes chinois ne sont pas des Chinois !* »
« *Les communistes chinois ne sont pas des êtres humains !* »
« *Les communistes chinois sont des démons vivants !* »

L'expérience que le père Lebbe venait de vivre lui permettait de porter une juste appréciation sur les communistes chinois. Sa santé ne lui permit pas de venir au monastère de Sishan, comme il l'avait souhaité, nous donner les détails de la situation réelle telle qu'elle était dans les zones occupées par les communistes et nous parler du vrai visage des communistes chinois. Pendant la Guerre sino-japonaise, ils prétextèrent un front uni anti-japonais pour dissimuler leurs véritables objectifs qui consistaient à anéantir leurs compatriotes de l'armée nationaliste tout en consolidant sur tout le territoire leur présence. C'est un fait authentique, confirmé par les propres paroles de Mao Zedong, lorsqu'il confia à Pékin le 10 juillet 1964 au cours d'un entretien avec des membres du parti socialiste japonais : «... *Sans l'agression de votre Armée impériale et son occupation d'une grande partie de la Chine, le parti communiste chinois n'aurait jamais pu prendre le contrôle du pays...! Vous ne devriez avoir aucun remords,* poursuivit-il,... *Les militaires japonais ont joué un rôle inestimable en faveur de la Chine!....Et de ce point de vue votre conduite passée peut être interprétée d'une façon très positive! »,* (d'après le livre *Longue Vie à la Pensée Mao Zedong!* publié en 1969 par des membres du parti socialiste japonais, pp. 532-534).

Depuis l'instauration du régime en octobre 1949, Mao et ses partisans ne cessèrent jamais d'appliquer leur politique de base de harcèlement de leurs propres concitoyens au moyen de campagnes politiques ininterrompues à l'intérieur du parti et à l'extérieur, partout dans le pays, même s'ils persistent à nier encore aujourd'hui les faits! Véritablement, le parti communiste chinois a dit, dit, et continue à dire de belles paroles, mais a fait, fait et continuera à faire toutes sortes de folies!

Pendant la guerre et par la suite, de vraies actions patriotiques naquirent aussi au sein même de notre monastère de Sishan et à Chengdu. Le 15 novembre 1938, le père Vincent de Paul Martin, qui, à quatre-vingt-sept ans, respire aujourd'hui une bonne santé, alla rejoindre le père Lebbe à Chongqing, d'où ils regagnèrent ensemble le front de Zhongtiao Shan dans la province du Shanxi. Il fut nommé lieutenant-colonel quand il fallut remplacer le père Lebbe à la tête du corps médical de la douzième section de la 3e armée nationaliste chinoise. Leur délicate mission consistait à venir au secours des mourants et de soigner les blessés parmi les soldats chinois. Au mois de mai 1941, il fut capturé par les Japonais et emmené à Pékin puis à Wei Xian dans la province du Shandong où il resta jusqu'à la victoire, en août 1945. Avant de quitter le monastère pour Chongqing avec le père Thaddée Yang, il nous adressa lors de la cérémonie d'adieu sur le terrain de sport, qui rassemblait les élèves de l'école, les professeurs, les étudiants en théologie et en philosophie, les moines, les prêtres et notre prieur, le père Raphaël Vinciarelli, simplement quatre mots chinois qu'il prononça avec une grande sincérité et sur un ton émouvant et plein d'enthousiasme :

« *Wo ai Zhongguo!* » (J'aime la Chine!)

A l'invitation de Mgr Paul Yu Pin, le père Thaddée Yang Anran (Yang An-yuen) (1905-1982) se rendit donc à Chongqing, le 15 novembre 1938, pour reprendre en main le service étranger de la publication du journal l'*Yishi Bao (I-shih Pao)*, fondé par le père Vincent Lebbe à Tianjin le 10 octobre 1915. Ensuite, il accepta sur la demande du vice-ministre de l'Information, le Dr Hollington Dong Xianguang (K. Tong) (1887-1971) de lancer un bulletin hebdomadaire en français, *Le Correspondant chinois*. Deux ans plus tard, on lui demanda de lancer un nouveau mensuel cette fois en anglais, *The China Correspondent*. Ces deux revues avaient pour mission d'informer les étrangers, et notamment les militaires présents, sur l'esprit de résistance, les coutumes et les idées de la population chinoise. Il fut aussi invité à enseigner l'anglais dans les cours de formation des langues étrangères pour les candidats aux postes d'interprétariat du ministère des Armées. En gage de reconnaissance, le généralissime et madame Chiang lui offrirent un voyage aux États-Unis de mai 1945 à mars 1946, ce qui lui permit de récolter des dons pour la construction au cours de l'été 1949 du nouveau bâtiment de notre monastère de Chengdu, mais aussi de renforcer les liens de compréhension mutuelle et d'amitié entre les Américains et les Chinois et entre les communautés catholiques des deux pays.

Il écrivit en anglais un livre sur son voyage qui fut publié sous le titre : Un *Mister en Amérique*. La traduction chinoise parut en plusieurs parties tout d'abord à Chengdu dans le mensuel du diocèse à partir de l'été 1946, puis entièrement à Hong Kong en novembre 1947. A partir de juin 1939, le père Wilfrid Weitz (1912-1991) fut invité à donner pendant deux ans, deux à trois fois par semaine à Chongqing, des cours de conversation en français à l'épouse du généralissime, madame Chiang-Sung Mei-ling, qui vient de fêter aux États-Unis, le 28 mars 1999, le cent-deuxième anniversaire de sa naissance. Ensuite, il donna des cours d'anglais au collège et dans les universités jusqu'en 1949, date à laquelle il dût regagner la Belgique en raison de son état de santé. Pour rassembler ses expériences d'enseignant et en faire profiter les étudiants chinois, il publia en 1946 à Chengdu un manuel *La syntaxe anglaise*. Le père Eleuthère Winance est resté à ce jour un professeur infatigable et un fervent missionnaire, toujours robuste et jovial à son âge avancé de 90 ans. Il a enseigné le français à l'Académie provinciale du Sichuan des Beaux-Arts et la philosophie à l'Université de l'Union de l'Ouest de la Chine. Pendant les vacances d'hiver et d'été et à d'autres occasions, il s'adonnait à des tâches apostoliques, visitant les paroisses et les familles catholiques. Après son emprisonnement, puis son expulsion de Chine par les communistes, le 6 février 1952, il relata « son expérience personnelle de lavage de cerveau » dans son livre, *La Persuasion communiste* publié aux États-Unis en 1959.

Le père Werner Papeians de Morchoven, un artiste sain et solide de 85 ans, fut professeur d'Art de cette même Académie de Chengdu, mentionnée ci-dessus, pendant la deuxième moitié des années quarante. En 1944, il fut l'aumônier des hommes et officiers catholiques de l'Armée de l'Air américaine, des alliés de la Chine et camarades armés de la deuxième guerre mondiale. Il se rendait sur les terrains d'aviation de Chengdu, Xinjin, Shuangliu, Guanghan et Guan Xian pour célébrer des messes. Il fit de nombreuses peintures en Chine aussi et fit quelques expositions. Il continue toujours à créer des œuvres d'art encore maintenant à son âge avancé. Tout comme le père Wilfrid Weitz, notre prieur, le père Raphaël Vinciarelli (1897-1972) fut naturalisé chinois pour pouvoir faciliter son travail en faveur du salut du peuple chinois. Tout en écrivant des articles pour le mensuel diocésain ainsi que trois livres sur l'évangélisation des intellectuels chinois, le père Raphaël fonda l'*Institut de Recherche sur les cultures occidentales et chinoises*. Il avait même envisagé de fonder une université catholique dans la banlieue ouest de Chengdu pour témoigner de son amour le plus sincère envers la Chine et son peuple ainsi que de celui de son monastère.

Il est franchement difficile de parler de trahison dans l'Église catholique ou d'accuser les catholiques de manquer de patriotisme. Il fallait que les communistes chinois trouvent un prétexte pour pouvoir justifier la persécution et la destruction de l'Église et ils agitèrent la bannière du patriotisme tout en s'appuyant sur des mots d'ordre contre l'impérialisme. En fait, au cours de leurs quatre années de révolte armée (1945-1949) avant leur accession au pouvoir, y compris durant les années de guerre sino-japonaise, ils avaient déjà ouvertement commencé leur travail de persécution de l'Église dans les régions passées sous leur contrôle. Outre le sort réservé au père Lebbe, à son corps médical et à ses autres organisations, il y eut encore les deux cas parmi les plus terribles de tout ce que les communautés et paroisses catholiques eurent à subir. En décembre 1946, à Xiwanzi, à 55 km au nord-est de Zhangjiakou, à l'origine la paroisse la plus florissante et la plus ancienne avec la plus forte population catholique de la province du Chahar, toutes les églises et bâtiments religieux furent incendiés, de nombreux cadavres mutilés furent retrouvés un peu partout, laissés sur leur passage par les troupes communistes qui avaient été obligées de battre en retraite de nouveau. A Yangjiaping (Yang Kia Ping), situé dans l'ancienne province du Chahar, sur les 75 trappistes du monastère de Notre-Dame de la Consolation, 31 furent massacrés ou torturés à mort par les soldats de la même Armée rouge du mois d'août 1947 au mois de février 1948.

Le vrai sens de l'expression communiste « amour de la patrie » ne devrait jamais être interprété par celui d'« amour du pays », mais plutôt par « amour du communisme », « amour du parti communiste chinois », « amour de leur régime despotique » ou « amour de leur dictateur Mao lui-même ou de ceux qui lui ont succédé ». Quant à l'expression « anti-impérialiste » elle fut utilisée pour galvaniser et entraîner les gens dans la lutte, concrètement ou de cœur, contre tous les pays ou les peuples, à part l'Union soviétique et ses alliés, qui se trouvaient en désaccord avec eux, qui ne les soutenaient pas, ou bien qui s'opposaient à eux. De la même manière que pour ces deux expressions *patrie* et *impérialisme*, les mots *démocratie, liberté, peuple, vérité, mensonge, bien, mal* et tant d'autres mots du vocabulaire qu'ils utilisent ont toujours une acception très différente, voire même contraire, au sens que nous leur accordons ordinairement. Ils ont prêté à tous ces mots un sens et un contenu radicalement nouveau, inhabituel, avec des significations, des orientations et des explications opposées. C'est en utilisant ces tactiques à double face, justement, qu'il leur fut possible de mystifier à la fois les Chinois et les étrangers à l'extérieur du pays, la communauté internationale et l'opinion mondiale. Voyons concrètement maintenant les stratégies et tactiques adoptées par le parti pour tenter de détruire en vain l'Église catholique en Chine.

Les communistes ont appliqué, étape par étape, un programme mûrement réfléchi qui consistait à opprimer l'Église tout en prétendant la *protéger et la purifier.* Ils procédèrent par une série de machinations officielles telles que le lancement des campagnes d'*opposition à l'impérialisme* et *amour de la patrie, de la Réforme des trois autonomies* et de *l'abolition de la Légion de Marie.* Dans le même temps, ils agissaient secrètement par un travail de sape destiné à détruire l'Église de l'intérieur, incitant à l'apostasie en échange de profits personnels, infiltrants les institutions d'éléments subversifs et semant la discorde entre les étrangers et les Chinois, et entre les prêtres et les laïcs. Peu d'ennemis de l'Église dans son histoire ont jamais égalé les communistes chinois dans leur degré d'esprit de tromperie, d'impitoyable détermination et de férocité.

On peut se demander pourquoi le parti communiste chinois choisit ces mouvements comme brèches pour entamer sa violente offensive contre l'Église catholique. A cette époque, il existait deux forces importantes dans l'Église en Chine, jouant un rôle de premier plan dans la propagation et la défense de la Foi. La première était le vaste contingent des 6 000 prêtres, moines et religieuses étrangers; la deuxième force, la *Légion de Marie,* était une association de laïcs fervents qui aidait le clergé dans ses efforts apostoliques. Ses membres participaient à des réunions hebdomadaires de prière et de lectures spirituelles dirigées par des prêtres. Ils assistaient aussi les prêtres avec un programme de visite à domicile et d'étude de la Bible. L'organisation connut un vif succès auprès des prêtres et des laïcs dans un grand nombre de villes chinoises dès son lancement à partir de l'automne 1948. Un an plus tard, quand la couleur politique du pays commença à changer, la rapidité de son expansion fut remarquable. Son fondateur, un prêtre irlandais, le père William Aedan McGrath devait passer trois ans en prison avant d'être expulsé de Chine en mai 1954.

L'existence de la *Légion de Marie* et la présence des missionnaires étrangers représenta certainement un casse-tête permanent pour le parti communiste, mais c'était en même temps un prétexte idéal pouvant permettre de légitimer l'anéantissement de l'Église. Le parti avait bien compris que ce ne serait qu'en supprimant ces deux forces qu'il atteindrait son objectif de voir l'Église en Chine s'essouffler avant de s'effondrer d'elle-même. En conséquence, avant de fondre sur elle, il affubla la *Légion de Marie* de l'étiquette *Société secrète réactionnaire* et ses membres de celle de contre-révolutionnaires.

Dans le même temps, les communistes accusèrent délibérément l'internonce, l'archevêque Antonio Ribéri, les sœurs et les missionnaires étrangers d'être des impérialistes avant de les expulser du pays. Une fois ceci accompli, il força le clergé chinois et les fidèles à rompre toute relation avec le pape de Rome et à mettre en application la *Réforme des trois autonomies.* Cette stratégie consistait à affirmer que l'Église catholique en Chine serait ainsi libérée du joug du Vatican et des missionnaires étrangers, qu'elle serait capable désormais de se gouverner, de se financer, et d'évangéliser par elle-même en appliquant les trois points de la réforme : *auto-administration, auto financement et auto-*

évangélisation, ce qui ne sont en réalité que des tentatives communistes de mainmise et de soumission de l'Église.

J'étais moi-même, frère Pierre Zhou, considéré comme faisant partie du clergé indigène. Le 15 octobre 1949, j'avais été admis au noviciat par le troisième prieur du monastère bénédictin de Chengdu, le père Raphaël Vinciarelli. Ce prieuré avait été fondé en 1929 à Sishan, à proximité de la ville de Nanchong (Shunqing Fu), dans la province du Sichuan, par les moines de l'abbaye bénédictine de Saint André de Bruges (Belgique).

Je fus attiré une première fois par cet ordre religieux en 1938 alors que j'étais âgé de 12 ans et que je poursuivais mes études du cycle primaire dans l'école fondée par le monastère. Finalement, à l'automne de l'année 1950, le père Raphaël me laissa faire profession de mes vœux monastiques pour trois ans. L'automne 1950, c'était juste la veille de la persécution.

Lorsque quelqu'un compare mon épreuve à de « l'héroïsme », je me sens un peu confus, car le caractère héroïque de ce combat vient sans doute de la miséricorde divine et des circonstances ordonnées par Dieu. Même le plus combatif, qu'il soit courageux ou habile, vu l'ardeur et la puissance du combat, n'aurait pu déployer toute sa mesure ni atteindre son but. Si j'ai remporté une victoire, elle doit être attribuée en même temps à tous mes frères et sœurs spirituels qui m'ont soutenu par leurs prières et m'ont aidé de mille manières.

Ce long et interminable combat fut acharné, amer et complexe. Son souvenir est autant marqué par le succès que l'échec. Et c'est avec la résonance à mes oreilles d'une sorte d'hymne de combat que je m'apprête à retracer par écrit le cours de mon expérience vécue pendant toutes ces longues et précieuses années.

嚮往救主聖誕夜

漁家傲
一九六七年十二月二十四日
於南充監獄

萬籟無聲將夜半，
雪花飛舞於霄漢，
救主耶穌來降誕。
天使讚，
貞孃義父齊歡忭。

千古公元頭頁展，
罪身從此賢良變
人類歡呼天地羨。
牧童伴，
往朝致敬心如箭。

DÉSIR DU SAUVEUR
UNE NUIT DE NOEL

Sur l'air de Yu Jia Ao
(*La fierté du pêcheur*)
Prison de Nanchong, le 24 décembre 1967

Tout est silence à minuit,
flocons de neige dansent
dans le ciel,
Jésus le Sauveur est né.
Les anges chantent,
la Vierge Mère et le père nourricier
exultent ensemble.

La première page d'éternité
de l'ère chrétienne se déploie,
où le péché se transforme
en droiture et vertu.
L'humanité se réjouie,
Ciel et terre contemplent.

Avec les bergers,
Toutes les puissances s'inclinent
pour l'adorer
lui rendre hommage.

CHAPITRE I

Prélude

Décembre 1950

Le 13 décembre 1950, l'agence *Chine nouvelle* de Pékin publia un document appelé le Manifeste de Guangyuan. Le père Matthias Wang Liangzuo, son auteur, y reproduisit les éléments de la déclaration officielle approuvée par le gouvernement et diffusée par les protestants quelque temps auparavant. Ce manifeste annonçait la détermination de rompre tous liens avec l'impérialisme et d'édifier une nouvelle Église indépendante, entièrement responsable de ses propres réformes, de son financement, de son administration et de son apostolat. La déclaration entendait s'opposer fermement à toute ingérence du Vatican dans les affaires intérieures de la Chine et affirmait que l'impérialisme ne devait plus entacher la sainteté de l'Église.

Alors âgé de 24 ans, et profès du monastère bénédictin de Chengdu, je n'ai jamais pu savoir avec certitude si ce manifeste fut vraiment l'initiative de ce prêtre de 30 ans du diocèse de Chengdu (Sichuan) et s'il reçut réellement l'approbation de ses cinq cents fidèles, ou bien s'il fut tout simplement l'œuvre du parti communiste chinois. Toujours est-il qu'à partir du moment où ce manifeste fut diffusé la confusion commença à se propager et que des difficultés incalculables se dressèrent annonçant un désastre pour l'Église en Chine. Très vite, le père Wang se mua en agent docile du parti communiste. Des rumeurs circulaient selon lesquelles il s'était marié. On lui donna le rôle de tout premier leader de l'Association patriotique catholique du Sichuan, à Chengdu, et il devint à partir des années soixante, l'un des vice-présidents de l'association patriotique nationale catholique à Pékin.

*

Le 31 mars 1951, la presse communiste de Nanjing publia une déclaration sur la réforme signée par le vicaire général du diocèse de Nanjing ainsi que par 783 catholiques favorables à cette réforme de l'Église, tous opposés à l'ingérence du Vatican dans les affaires intérieures de la Chine. Le jour même, pour protester vigoureusement, l'archevêque Antonio Ribéri, internonce apostolique en Chine, adressa une lettre à tous les évêques catholiques de Chine. En jugeant inacceptable le contenu de la déclaration de réforme de l'Église, publiée par le clergé et les laïcs de Nanjing et prétendument approuvée par lui, il lança une mise en garde contre cette déclaration qui cherchait vainement à semer la confusion et le trouble parmi les catholiques du pays, il les invitait à ne pas se laisser abuser par elle.

Le mouvement réformiste des trois autonomies et les mouvements d'opposition à l'impérialisme et d'amour de la patrie s'abattirent dans tout le pays comme « un déluge ou une bête furieuse », selon les termes du philosophe Mengzi (372-289 av.J.C.). A la faveur de ce déferlement, la propagande communiste multiplia les troubles et engendra des dommages innombrables au sein du peuple choisi de la Nouvelle Alliance. Les écoles catholiques furent prises d'assaut, les hôpitaux et orphelinats occupés de force, les propriétés restantes de l'Église confisquées. Beaucoup de prêtres chinois et étrangers, religieuses et laïcs furent accusés pour leur loyauté et publiquement condamnés, emprisonnés ou expulsés. Certains même, comme le père Vincent She, furent exécutés.

Le père Vincent She, sous-prieur du monastère des trappistes de Notre-Dame de la Joie de Nibatuo, dans le district de Xindu, au Sichuan, fut incarcéré au printemps de l'année 1951 après avoir été accusé d'irresponsabilité dans sa gestion du paiement des impôts sur les céréales des terres du monastère, une somme d'argent qui était beaucoup trop importante à honorer. Il fut accusé aussi d'avoir refusé de restituer des armes à feu qu'on lui reprochait d'avoir soi-disant cachées au monastère. Lors des réunions d'étude des prisonniers de la prison de Chengdu il resta digne d'un enfant de Dieu en soutenant la vérité sans faillir et il eut le courage de réciter publiquement le *Credo*. Il fut sévèrement réprimé, battu puis menotté. Le 7 août 1951, il s'effondra sous le poids de trop de tortures et mourut en héros offrant sa vie en sacrifice au nom de la Foi véritable.

Tandis que l'archevêque Antonio Ribéri était finalement expulsé du pays au mois de septembre 1951 en même temps que beaucoup d'autres missionnaires étrangers, les frères étrangers de notre communauté avaient été placés depuis l'été 1950 sous surveillance et assignés à résidence.

Chacun de ces événements, chacune de ces catastrophes eurent pour effet de transpercer mon cœur comme l'épée qui traversa le Cœur immaculé de la Vierge Marie au pied de la croix. L'affliction et l'indignation firent grandir mon désir de faire réparation pour le Seigneur. Je me rapprochai de Jésus, affligé par le spectacle de la désertion de quelques-uns de ses disciples, répétant avec mon saint patron, l'apôtre saint Pierre : « *Seigneur, vers qui irions nous ? Tu as les paroles de la Vie éternelle. Nous croyons, nous savons que tu es le Fils unique de Dieu.* » (Jn 6, 68-69) J'eus le désir de me battre pour mon Seigneur et d'effacer l'offense faite à son Église ; j'aspirai de toutes mes forces à voir venir le jour d'une grande et sainte bataille pour la foi catholique.

En dépit de la surveillance et des restrictions sur nos sorties et activités hors du monastère, nous restions au courant des événements par les visites que nous recevions ainsi que par le courrier qui continuait à arriver. Devant la progression de la confusion et de la division dans le clergé et chez les fidèles de Chengdu, notre prieur, le père Raphaël Vinciarelli fit des exposés réguliers à la communauté sur la véritable situation de l'Église locale et du monastère, nous demandant de nous préparer à toute éventualité. Nous essayâmes de maintenir notre vie de prière quotidienne en respectant les horaires habituels des messes, des vêpres et des complies, et nous continuâmes à enseigner, à étudier et à nous adonner à toutes sortes de travaux malgré les tensions d'une atmosphère au bord de la panique. La menace du danger planait comme au sein d'une armée en pleine déroute, et se confondait, comme dit le proverbe chinois, au *bruit du vent, et au cri de la grue.*

Durant ce mois d'octobre, les communistes lancèrent leur campagne généralisée contre l'Église locale et notre monastère. Les agents du poste de police de la rue de Yangshi prirent l'habitude de débarquer au monastère à l'improviste, à n'importe quelle heure, pour procéder à des inspections du bâtiment et des chambres des moines. Un matin, alors que le père Raphaël était en train de taper à la machine dans son bureau, un policier fit brusquement irruption demandant d'une voix forte « *Qu'est-ce que vous êtes en train d'écrire ?* »

Notre prieur gardant son sang froid prit immédiatement le papier sur la machine et le lui tendit en disant : « *Je vous en prie, lisez ! C'est ce que je viens d'écrire. Vous connaissez sûrement le français, vous pouvez sûrement comprendre ma dactylographie !* »

Le policier regarda d'un air arrogant le papier puis le déposa sur le bureau. Ensuite il s'avança et entra dans la cellule du père prieur pour jeter un coup d'œil un peu partout avant de s'en aller tranquillement.

Plus tard, au cours de ce même mois, notre prieur me fit venir à son bureau et me chargea de traduire en secret deux documents du français en chinois. Le premier était une prière écrite par le Pape Pie XII, dédiée au bienheureux pape Pie X. Le second document était un catéchisme en trois pages du père Raphaël destiné à soutenir les catholiques en temps de persécution. Ce travail, que Mgr Henri Pinault avait demandé, était précisément celui que le père Raphaël était en train de taper et que le policier avait eu entre les mains.

Ce petit catéchisme présentait aux catholiques les doctrines de base de l'Église, et notamment la suprématie du pape de Rome sur toute l'Église. Il insistait sur la prière constante et la pratique nécessaire des commandements, chemin infaillible pour garder la foi. Mais aussi il expliquait qu'il fallait lutter pour mener une vie pure et sainte et rester de vrais témoins du Christ. Il donnait des instructions en expliquant comment rester réconcilié avec Dieu, comment agir concrètement dans les situations de mariage ou de décès en l'absence des saints sacrements. Notre prieur vint s'assurer régulièrement que mon travail de traduction restât bien confidentiel. De mon côté, je le rassurais en lui disant clairement que m'adonner à ce travail ne me faisait craindre aucun danger.

Ces deux documents eurent pour effet de me placer d'une manière encore plus concrète devant l'imminence d'une période critique pour l'Église. Ils éveillèrent en moi un sentiment d'urgence et un sens de mes responsabilités en face de la lutte qui approchait. Au fond de moi, je savais déjà que je ne pourrai pas me taire, rester les armes baissées et que je ne deviendrai jamais un serviteur des communistes. Je sentais bien que notre prieur avait conscience que lui et les pères ne seraient plus là pour m'aider. Mes prières quotidiennes et mes lectures des Écritures me réconfortèrent et me mettaient en garde. Les mots semblaient surgir du texte sacré comme autant d'encouragements et d'avertissements :

> « *Quiconque se déclarera pour moi devant les hommes, moi aussi je me déclarerai pour lui devant mon père qui est dans les Cieux; mais celui qui m'aura renié devant les hommes, à mon tour je le renierai devant mon père qui est dans les Cieux.* » (Mt 10, 32-33)

« *Qui veut en effet sauver sa vie la perdra, mais qui perdra sa vie à cause de moi la trouvera.* » (Mt 16, 25)

« *Si le monde vous hait, sachez que moi, il m'a pris en haine avant vous...* » (Jn 15, 18)

« *Je suis le bon pasteur; et je connais mes brebis et mes brebis me connaissent...* » (Jn 10, 14)

« *Heureux les persécutés pour la justice, car le Royaume des Cieux est à eux.* » (Mt 5, 10)

Ces enseignements profonds de Jésus m'allaient droit au cœur, et son appel sacré retentissait à mes oreilles. Chaque mot résonnait comme les ordres d'un commandement suprême ou comme les instructions d'un Roi donnant force et courage pour le combat, ou encore tel le son d'un clairon à l'heure de l'assaut.

再訪成都

卜算子

九五三年六月
於四川省成都市

朝食故鄉糕，
暮飲岷江水。
九月剛離又賦歸，
眶滿辛酸淚。

頌王昔歡欣，
戰鬼今憔悴。
信仰堅持飲苦杯，
有志青春美！

SECONDE VISITE A CHENGDU

Sur l'air de Pu Suan Zi
(Le diseur de bonne aventure)
Chengdu, Sichuan, juin 1953

A l'aube, je mange un gâteau de ma ville natale,
avec le soir, je bois l'eau de la rivière Min.
Neuf mois ont passé, me revoilà,
des larmes plein les yeux.

Autrefois, j'étais toujours heureux
de chanter les Louanges du Seigneur ;
me voilà livide,
devant les démons de mon temps.
Boire un calice amère,
la Foi collée aux entrailles,
qu'ils sont beaux les grands idéaux de la jeunesse !

CHAPITRE II

Le combat commence

Octobre 1951

Vers la fin du mois d'octobre 1951, la persécution contre l'Église était déclenchée brutalement. Dans les rues de la capitale provinciale, le comité militaire de contrôle placarda l'annonce officielle de la suppression de la Légion de Marie, accusée d'être une « organisation réactionnaire ». Les comités locaux avaient pris le relais des armées communistes pour contrôler les villes dès les premières années de mainmise sur le pays. Ils devinrent le principal pouvoir politique au niveau local du gouvernement communiste chinois. La déclaration intimait l'ordre aux membres de la Légion de se rendre sans délais au bureau de la Sécurité publique pour y faire enregistrer leur désengagement, et y reconnaître que la Légion de Marie était réactionnaire, en rompant publiquement avec cette association. Ce fut le coup d'envoi dans toute la ville des mouvements d'opposition à l'impérialisme, d'amour de la patrie et de réforme des trois autonomies.

Le parti communiste avait tenté jusque là de contrôler et de saper l'Église uniquement par les interventions de ces membres du Département du travail du front uni ainsi que par ceux du bureau des affaires religieuses. Désormais, avec cette mise en vigueur du décret de suppression de la Légion de Marie par les organes de la Sécurité publique, les intentions ne furent plus dissimulées elles apparurent au grand jour. Le gouvernement communiste prit officiellement en main la conduite de la persécution de l'Église en utilisant les mêmes procédés impitoyables utilisés par le gouvernement de la dynastie des Qing pour tuer, à Chengdu en 1815, le bienheureux Mgr Jean-Gabriel Dufresse et ses prêtres fidèles - indigènes ou étrangers - ainsi que des laïcs. Ainsi, une nouvelle vague de persécution balayait la ville historique de Chengdu qui avait déjà baigné dans le sang des martyrs 136 ans plus tôt.

A 25 ans, enraciné dans ma foi catholique et dans l'esprit de saint Benoît, pouvais-je rester passif ou indifférent ? Au monastère, le père Raphaël et le père Gaétan, ainsi que les autres moines, priaient pour nous et envisageaient notre avenir dans le recueillement. Les visages glacés des policiers en uniforme et de leurs acolytes maintenaient leur surveillance de l'autre côté des portes du monastère. Parfois la population défilait en nombre dans la rue scandant des slogans de protestation contre notre présence. D'autres fois, la foule en colère pénétrait dans le monastère et restait dans l'enceinte nous criant des slogans.

Un matin de bonne heure, un avis nous fut transmis nous ordonnant de nous présenter le soir même à la réunion du bureau de la Sécurité publique de Chengdu, au poste de la rue Yangshi. Tous les catholiques de cette juridiction étaient invités à participer à une « Discussion informelle entre catholiques » dont le but était de démasquer, dénoncer, accuser, critiquer et lutter contre la Légion de Marie. Nous étions tenus aussi d'assister aux réunions d'étude qui devaient se dérouler dans la cathédrale de la rue du Pont-de-la-Paix et de prendre part aux discussions sur la réforme.

A mesure que le combat pour la défense de l'Église s'engageait, j'étais rempli d'une indignation croissante. En tant que soldat du Christ, j'étais plein d'ardeur et me tenait prêt à mettre le pied à l'étrier. J'étais prêt à me lancer dans la bataille, paré des armes de la foi et de la vérité et mener le rude combat contre les puissances obscures.

Le père Paul Wu Yong et moi-même marchions seuls vers cette première des quatre réunions du soir. La nuit silencieuse traduisait mal l'intense émotion qui grondait au fond de nous. J'avançais muet juste derrière le père Paul. Le poste de police de la rue Yangshi était mal éclairé et la petite pièce dans laquelle se tenait la réunion avait tout juste assez de lumière pour laisser percevoir les expressions lugubres des visages présents. L'officier qui présidait la réunion dirigea brusquement la discussion contre l'Église en s'appuyant sur des articles de journaux qui attaquaient la Légion de Marie. Ensuite, on nous dispersa en petits groupes de discussion. Au cours d'une de ces réunions en groupes, je réitérai clairement mon refus de condamner la Légion de Marie ainsi que celui d'assister aux réunions d'études de la cathédrale de la rue du Pont-de-la-Paix.

Le dernier soir, juste avant la fin de la réunion, l'officier Qiang, chef du poste de police chargé du déroulement des opérations, m'ordonna de rester en retrait. Il me retint dans son bureau pour me demander si je comptais me rétracter et changer ma « position obstinée » ainsi que mon « attitude rigide » à l'égard de la réforme et de la Légion de Marie. Après avoir répondu négativement, il me demanda d'un ton menaçant et cinglant : « *Oseriez-vous mettre par écrit ce que vous venez de dire? Si vous en avez le courage, écrivez!* »

Sans hésiter, je réclamais un crayon et du papier et mis par écrit une déposition aussi concise que grave :

« *J'affirme que la Légion de Marie est une organisation légale et sainte de l'Église. C'est une association qui agit ouvertement. Je n'adhérerai jamais au mouvement réformiste des trois autonomies dont le but est de diviser et détruire l'Église, et je n'assisterai pas non plus à ses réunions.* »

A côté de mon nom, j'ajoutais délibérément la mention honorifique de « Catholique de l'Église romaine ». Sur sa demande, j'apposais mon empreinte pour signifier le caractère irrévocable de ma déclaration.

Ensuite, il me congédia sans plus d'explication et je quittais la tête haute son bureau sachant que mon temps était désormais compté. En chemin, toutes sortes d'idées me traversèrent l'esprit au sujet du prieuré et de ma famille, ainsi que sur mon engagement de plus en plus conscient vis-à-vis de Dieu et de l'Église. Je fus si absorbé par toutes ces pensées que je regagnai la porte de mon monastère sans même m'en apercevoir. Bien que sombre et désolée, ma maison n'en restait pas moins le dernier refuge pour mon esprit troublé. Je fis un bref compte-rendu au père Raphaël qui attendait mon retour en disant son chapelet près du mur de la chapelle, à l'extérieur. Une fois dans ma cellule j'offris mes prières à mon Sauveur et m'allongeai pour prendre un peu de repos.

*

Pendant toute cette semaine qui débuta le 2 novembre de cette même année, les agents du poste de police organisèrent des attroupements dans le hall d'entrée de notre monastère bénédictin situé au 172 de la rue Yangshi. Des centaines de personnes s'y agglutinèrent pour faire suite à ces quatre journées « d'informelle discussion entre catholiques » qui eurent lieu au poste de police. Le père Paul Wu Yong, M. Jia Zhizhong, un employé, moi-même ainsi que deux autres personnes du prieuré étions traités de « chiens courants de l'impérialisme ». Dès le début, nous fûmes forcés d'assister à ces réunions du soir où l'on nous plaçait parfois à une table située devant une assemblée qui pointait vers nous un millier de doigts accusateurs, et qui nous lançait toutes sortes d'injures. A chacune de ces soirées, des heures durant, des cadres, des extrémistes et des catholiques, qui avaient rallié les communistes, se relayaient pour nous lancer leurs invectives attaquant le monastère et dénonçant l'Église.

Les deux premiers soirs, des documents furent analysés par la police et les cadres du comité de quartier. Les attaques visaient la Légion de Marie, le pape, l'internonce apostolique, les évêques, les prêtres, les religieuses et les orphelinats catholiques. Tout était tourné en dérision, en calomnie ou en insulte. On incitait la foule à parler sans retenue ni pitié et à crier les « crimes » multiples supposés avoir été commis par l'Église en général contre la Chine.

A mesure que toutes ces calomnies atteignaient mes oreilles, la colère grandissait dans mon cœur. Submergé par une vive émotion, je ne pus m'empêcher de prendre la défense de l'Église en faisant une longue déclaration écrite (*voir Appendice 1*). Comme il avait été convenu que nous aurions la possibilité de dire publiquement nos opinions personnelles, le soir de la troisième réunion, je me levai de ma chaise et pris la parole pour lire mon texte à la foule.

Après une brève présentation de moi-même, je donnai une description en trois points de ce qui caractérisait ma position. En premier lieu, je refusais catégoriquement d'adhérer à ce qu'on appelait *la réforme*, un mouvement qui n'avait reçu, ni avant ni après son établissement, l'approbation du pape de Rome, l'unique et seul chef de l'Église catholique. Ce mouvement avait démarré en marge de l'autorité du Saint-Siège, avait des objectifs et des motivations radicalement opposés. Deuxièmement, je reconnaissais et entendais respecter le caractère légal, pur et sacré de la Légion de Marie, une institution laïque qui avait été reconnue par la plus haute autorité de l'Église. Enfin, je professais ouvertement mon attachement le plus sincère à Jésus-Christ, et je déclarais vouloir lui vouer tout mon amour et lui rester fidèle. J'affirmais mon désir de tout lui sacrifier, y compris ma vie.

Une fois mon discours terminé, tout l'auditoire fut en ébullition et la foule se mit à pousser des cris. Dans la cohue, des militants rivalisèrent à qui mieux, multipliant leurs questions en jets successifs, exigeant des réponses immédiates.

« Vous croyez à une religion étrangère ! Vous êtes chinois ! Pourquoi défendez-vous cette religion étrangère ? »

L'Esprit Saint m'apporta son soutien dans chacune de mes réponses, et je pus résister aux attaques, l'une après l'autre.

« Je ne crois à aucune religion étrangère, mais à la religion

catholique, qui appartient au monde entier et à toute l'humanité. Elle enseigne la vérité, encourage au bien et à la sainteté et conduit à la vie éternelle. En tant que simple chinois, et en particulier en tant que catholique fidèle, il est de mon devoir et de ma responsabilité de prendre la défense de l'Église.

– Le parti communiste et le gouvernement populaire n'ont jamais été contre votre croyance religieuse, mais contre les actes agressifs des impérialistes, accomplis par l'Église qui a mis en danger le peuple chinois. Comment pouvez-vous l'ignorer ? »

Je ripostai aussitôt :

« *L'Église n'a jamais été une arme de l'impérialisme, n'a jamais participé à aucune activité nuisible au peuple chinois. Comment vous serait-il possible de l'ignorer aussi !*

– Pourquoi mentez-vous avec autant d'affront ? Comment pouvez-vous nier les crimes sans nombre dont toute la presse parle, que les impérialistes ont commis sous l'habit religieux, mettant en péril le peuple ?

– Les sources des journaux ne sont pas infaillibles. Quoi qu'il en soit, les missionnaires étrangers ont toujours agi dans le cadre d'activités religieuses légales. Ils ont accompagné de leur enthousiasme le peuple chinois pour le salut de leurs âmes. Ils n'ont jamais travaillé pour le compte de l'impérialisme ! »

Les soirs suivants, ils poursuivirent leurs interrogatoires. Ils tentèrent vainement de briser ma résistance à l'usure en me gardant à vue sans interruption. Ils espéraient me mettre en échec en me faisant plier. Dans mes réponses, je cherchais à réfuter leurs calomnies, mettant à jour leur mauvaise foi et la fausseté de leurs affirmations sur l'Église.

« *Si vous dites vrai, comment pouvez-vous expliquer l'attitude de l'impérialiste de Nankin, qui vient d'être expulsé du pays il y a tout juste deux mois, et que vous appelez pompeusement internonce apostolique ? Il a tout fait pour empêcher les catholiques chinois de rejoindre le mouvement patriotique de réforme des trois autonomies. »*

– L'archevêque, Mgr Riberi, en tant que délégué du pape de Rome en Chine, l'unique chef suprême de l'Église entière, a la responsabilité de soutenir la foi et l'unité de l'Église. Il était obligé de mettre un terme à la campagne de rébellion orchestrée pour diviser et détruire l'Église. Son attitude est tout à fait justifiable. L'accuser d'impérialisme est une méprise absolue et c'est se tromper de personne, comme si on mettait le chapeau de Zhang sur la tête de Li. »

Mais ils passèrent à un autre sujet :

« Il est indéniable que l'Église catholique a eu des activités impérialistes. Pourquoi le nier à tout prix ? En ce moment même, il y a l'exemple précis de la Légion de Marie qui vient d'être bannie par le gouvernement populaire en tant qu'organisation secrète contre-révolutionnaire de l'Église. Comment oseriez-vous affirmer le contraire ?

– Bien que je n'aie pas fait partie de la Légion de Marie, je sais parfaitement qu'elle est approuvée par le pape et que c'est une organisation sainte et qui agit légalement. Elle encourage ses membres à la pratique d'une dévotion tournée vers la Vierge Marie, et à observer les commandements du Seigneur, à rester fidèles aux enseignements de l'Église, à prendre part à l'évangélisation et à servir le monde. »

A ce moment précis, les militants mirent sur le tapis le sujet sensible et brûlant des morts de l'orphelinat du mont Fenghuang.

« Sur la colline du Phénix dans le district de la banlieue nord, il existe une fosse commune connue pour être la tombe d'une dizaine de milliers de cadavres. Un nombre incalculable

de nouveau-nés assassinés y sont enterrés. Ce sont justement vos sœurs françaises, responsables de l'orphelinat de la rue Madao, qui ont perpétré une telle abomination! Persistez-vous toujours à nier la culpabilité de ces impérialistes assassins, capables de tuer sans sourciller? »

Par-dessus les cris et les gémissements d'une foule surexcitée et sans discernement, je répondis : « *Même si je ne suis pas au courant de la situation exacte de l'orphelinat catholique, je peux néanmoins affirmer avec certitude que ces religieuses françaises n'ont rien à voir avec ce qu'on appelle des « tueuses » d'orphelins chinois. Elles ont quitté leur propre pays et voyagé à travers les océans pour venir en Chine, non pas pour piller ou massacrer, mais pour mettre en pratique les enseignements du Christ sur l'amour universel et la Rédemption du monde. Avec ce grand et saint idéal, elles prodiguent le meilleur d'elles-mêmes pour établir la charité, élever les enfants abandonnés et sauver les âmes des mourants. Elles sont venues dans un esprit d'abnégation se mettre au service du peuple chinois, prêtes à rester fidèles sans relâche jusqu'à la fin de leur vie. Je suis convaincu que l'histoire et le temps donneront une explication raisonnable sur cette "affaire de la fosse commune de la colline du Phénix", un jour la justice sera rendue et la vérité entière sera révélée et connue de tous. Si seulement les gens voulaient bien ôter leurs œillères et accepter de regarder la réalité en face!* »

Au cours des deux dernières réunions, tandis que nous, les *irréductibles*, étions obligés de nous tenir au centre, la foule menaçante qui nous entourait nous critiquait et nous infligeait des insultes. Avec cette méthode, ils espéraient faire déboucher leur longue semaine de procès publique sur une victoire honorable.

Au début, j'eus le pressentiment que l'emprisonnement, voire le martyre, était imminent. Mais, voyant la tournure des événements, je compris que la volonté de

Dieu était manifestement toute autre. Même s'il n'était pas exclu que cela puisse m'arriver un jour, pour l'heure, il n'en était pas question.

Je ne conservais pas d'exemplaire de ma déclaration. Mais une quinzaine de jours plus tard, sur la demande du père Raphaël Vinciarelli, emprisonné le 9 novembre, je la récrivais. Avec plusieurs missionnaires et religieuses français du diocèse de Chengdu, il fut emmené dans un centre de détention provisoire de la section de la police criminelle de la rue Hongqiang (du mur rouge). Ils refusèrent de reconnaître le signalement officiel de la Légion de Marie, considérée comme réactionnaire et hors-la-loi. Ce fut le premier pas vers leur expulsion prochaine du pays, le 6 février 1952.

Après les deux premières semaines d'un conflit rude et intense avec le parti communiste et ses militants, dans sa sagesse et sa miséricorde, Dieu m'accorda un sursis de deux mois afin de me préparer à un nouveau combat. Pendant cette période, tous les membres étrangers de la communauté quittèrent le pays de gré ou de force. Ma famille monastique fut dispersée, seuls deux frères chinois restèrent pour s'occuper du bâtiment abandonné : le père Paul Wu et moi-même. Nous étions tout à fait conscients qu'il nous faudrait tôt ou tard quitter les lieux. Nous allions prendre nos repas avec M. Vincent Yuan Nengding qui, n'ayant pu obtenir de visa pour suivre sa femme belge en Belgique, dut se résigner à rester. Il décida de s'installer dans la partie ancienne du monastère.

Nous n'avions plus aucune obligation quotidienne. Après avoir assisté à la messe matinale du père Paul, avec tous ceux qui logeaient encore dans le monastère, nous passions notre temps dans nos cellules respectives récitant l'office divin et parcourant des lectures saintes. Dans la journée nous allions souvent rendre visite à des laïcs et religieux restés fidèles.

En fin d'après-midi, quand le soleil se couchait à l'ouest, le monastère semblait encore plus abandonné et désolé que jamais. Devant ce spectacle affligeant, je ne pouvais m'empêcher d'éprouver de la tristesse, comme celle qui est décrite dans le poème classique :

« Les nuages blancs peuvent bien
Recouvrir la maison pour mille ans,
Si l'hôte est absent
C'est le grand vide ! »

Dès le tout début, le comité municipal du parti communiste de Chengdu avait pris la décision d'occuper notre monastère. Pour confisquer notre bâtiment, construit dans un style chinois traditionnel, le comité commença par utiliser l'Association patriotique pour agir. Étant une propriété de l'Église, il était supposé revenir d'office à l'église patriotique. Ce fut par ce moyen détourné que les membres de l'église patriotique prirent possession des locaux mais uniquement d'une façon nominale, car dans les faits, aucun d'entre eux ne fut autorisé à venir habiter parmi nous. Dès que notre prieur intérimaire, le père Gaétan Loriers, dernier frère étranger à rester, eut été forcé de leur remettre toutes les clés du bâtiment, juste avant son expulsion le 2 mars 1952, ils déménagèrent nos affaires et nos meubles, ainsi que nos livres de bibliothèque, dans la cathédrale de la rue du Pont-de-la-Paix. De pair avec le comité, le poste de police de la rue Yangshi nous donna l'ordre, ainsi qu'aux 18 personnes vivant sur notre propriété, d'évacuer le prieuré avant la fin du mois d'avril. Nous avions très peu de temps devant nous pour nous exécuter et trouver un autre asile.

Le mois d'avril 1952 était beau et radieux. Dans la chaleur printanière, les fleurs avaient envahi la ville de brocart et l'exposition florale au temple Qingyang battait son plein. Au moment même où tout irradiait de lumière et de vie, le comité municipal du parti communiste prit la décision de prendre possession du grand bâtiment de notre monastère et de l'occuper. Il ne me restait plus qu'à faire mes tristes adieux à ce monastère où j'avais vécu heureux près de 14 années, dont 6 au monastère de Sishan. A la fin du mois, je retournai vivre à Suining chez mon père, Paul Zhou Zinan, et l'aidai à installer une échoppe pour son commerce de lunettes, gardant l'espoir de pouvoir peut-être un jour m'échapper et trouver refuge en Occident.

La situation de l'Église locale y fut tout aussi préoccupante qu'à Chengdu. Je fus continuellement harcelé et soumis à des pressions dont le but était de me faire changer d'opinion. Wu Bogao, un ancien camarade du lycée provincial de Nanchong et un bon ami, qui s'était laissé entraîner par la force du courant, vint me questionner. Ne parvenant pas à me faire accepter la réforme, il devint agressif. Par la suite, à chaque fois que j'eus l'occasion de le rencontrer dans la rue, il me manifesta de l'hostilité. Une autre fois, une religieuse, qui participait activement aux réunions d'étude sur la réforme, me remit une revue de Changsha (Hunan) sur le mouvement des trois autonomies. Enfin, le jour de la fête de Marie, secours des chrétiens (le 24 mai 1952), l'association pour la réforme de Chengdu organisa, en l'honneur de l'anniversaire de sa fondation, un grand rassemblement. Les éléments les plus actifs de l'association poursuivaient leur œuvre de sape en harcelant les prêtres et les laïcs restés fidèles au Saint-Père.

Tous ces événements finirent par m'ébranler au plus profond de l'âme et me firent verser des larmes de tristesse et d'amertume. Je sentis alors grandir le besoin d'exprimer mon désarroi. Prenant l'unique moyen en ma possession – mon crayon – je m'adressai à tous ceux qui comme moi luttaient pour garder la foi dans le chaos qui les submergeait. La lettre que j'écrivis était destinée à tous les catholiques de Chine. Elle était le fruit des circonstances.

Je m'appliquais à y analyser le mouvement des trois autonomies sous tous ses angles, pour bien mettre en relief comment ce mouvement, sous prétexte d'auto-administration, d'auto financement, d'auto-évangélisation et d'opposition à l'impérialisme et sous prétexte d'amour de la Patrie, cherchait en fait à mystifier les gens simples en attaquant et en diffamant le pape, le Vatican et l'internonce apostolique. En même temps, j'y dénonçais les méthodes que la réforme utilisait pour calomnier sournoisement et sans scrupule, porter des accusations mensongères et condamner à tort des prêtres, des religieuses et des laïcs restés loyaux à Rome ; comment elle avait, d'une façon scandaleuse, désigné et révoqué des membres du clergé.

J'écrivis que par ces procédés le mouvement était en train de briser et détruire la catholicité de l'Église dans sa dimension unitaire, sacrée, catholique et apostolique, que l'Église était en train de glisser sous le contrôle absolu du parti communiste chinois et de devenir un instrument politique de l'État, à la fois docile et sans conscience. Les actes de ceux qui adhéraient au mouvement des trois autonomies ne pouvaient qu'être en contradiction avec les commandements de Dieu et les lois de l'Église.

Me remémorant avec douleur et peine les persécutions dévastatrices que l'Église avait connues dans le passé, je réalisais soudain que j'étais devenu le témoin angoissé d'une Église au bord d'un effondrement imminent. Finalement, entrevoyant l'éventualité de sa destruction totale dans un futur proche, je poussai un grand cri d'alarme vers tous les catholiques de Chine ; je voulais faire appel au discernement de chacun, et inciter chacun à rompre au maximum avec tout ce qui était susceptible de conduire à la trahison. Je les exhortais à ne pas hésiter à payer le prix fort dans leur effort de résistance, et si nécessaire, à verser leur sang en ajoutant, s'il le fallait, une page héroïque et émouvante à l'histoire de l'Église.

Cette lettre de quatre pages fut terminée au mois d'août 1952 alors que je me trouvais à Suining. En septembre, j'allais à Chengdu et distribuais une vingtaine d'exemplaires autour de moi, à des prêtres, séminaristes, sœurs, et laïcs restés fidèles à l'Église. Quelques exemplaires furent aussi envoyés à sœur Marie-Claire, une sœur française, franciscaine missionnaire de Marie, avec qui je correspondais de l'automne 1952 jusqu'à son expulsion de Shanghai au printemps 1954. A Canton, un prêtre français, le père Pierre Narbais-Jaureguy, traduisit ma lettre en français après l'avoir eue en main cet automne-là. Il fut emprisonné un an plus tard par le parti communiste, le 26 août 1953, puis fut expulsé de Chine le 21 avril 1954. Trois ans plus tard, ce document, qui était ma déclaration de ralliement en faveur de la défense de la religion catholique, fut utilisé comme pièce à conviction. Il fut la principale charge retenue contre moi ayant joué un rôle décisif dans mon arrestation et dans ma condamnation pour crime « contre-révolutionnaire » et pour tentative de renversement du gouvernement populaire.

Un peu plus tard, au cours de ce même automne 1952, j'eus le sentiment de ne pas avoir exprimé assez clairement toutes mes idées face aux événements, que ce soit sur la Chine ou sur l'Église, ou sur mon dégoût du monde et de ses méthodes. J'étais submergé par toutes sortes de pensées et de sentiments que je développais dans un texte intitulé *Du Paradis au Purgatoire* dans lequel j'insistais pour dénoncer les vraies intentions et activités de la réforme. J'y condamnais aussi la politique du parti communiste dans son aspect général tout comme dans son aspect particulier, critiquant ses tactiques de ruse et de tromperie. Je démontrais que toutes ces politiques et manigances n'avaient pas d'autre but que de s'opposer à Dieu et de détruire l'Église, qu'elles visaient la suppression de la pensée, l'assujettissement des cœurs, et finalement conduisait le pays et le peuple à la déroute.

A mesure que j'écrivais, j'envoyais mes ébauches à des compagnons de lutte de Chengdu, pour les soumettre à leurs critiques et corrections. Au mois d'août 1953, mon texte était achevé. Étant donné que ma demande de poursuivre des études au séminaire de Shanghai m'avait été refusée par le bureau de la sécurité de Suining, je n'avais plus que la solution de retourner à Chengdu. Au bout d'une période de trois mois passée dans la capitale provinciale, je fus enregistré comme résident permanent au n°184 de la rue moyenne de Changshun, où habitait M. Vincent Yuan Nengding, mon vieil et bon ami des derniers jours passés au monastère. Là, je finissais quelques corrections et je recopiais mon texte.

En janvier 1954, alors que je savais qu'il me serait impossible de gagner Shanghai, je chargeai Zhu Chaoqian de remettre au père Aloysius Jin Luxian, S.J., recteur du séminaire de Shanghai, ma lettre adressée à mes compatriotes catholiques et mon manuscrit, afin qu'il les examine et les publie éventuellement. Ce recteur était à cette époque un combattant de la foi courageux et ferme, mais, malheureusement, après son arrestation en septembre 1955, il commença à changer ses positions en acceptant le compromis et devint membre de l'association patriotique. Depuis sa nomination par les communistes chinois à la dignité d'« évêque de Shanghai » dans les années quatre-vingts, il est même devenu un propagandiste et apologiste actif et efficace de la « liberté religieuse » des communistes chinois. En fait, j'appris un an et demi après que Zhu Chaoqian, qui avait toutes les apparences d'un catholique resté fidèle, n'était en réalité qu'un espion communiste chargé d'infiltrer l'Église.

Ce Chinois de quarante ans avait habité la ruelle du Mur Rouge, à proximité de notre monastère. Présenté en 1951, par un catholique de confiance au père Raphaël et à Mgr Henri Pinault, des Missions Étrangères de Paris, il reçut le baptême peu de temps après et prit le nom chrétien de Pierre. Tout ça n'était, en fait, que mascarade destinée à gagner la confiance de Mgr Pinault et de notre prieur. Sa foi feinte et sa prétendue opposition au parti communiste lui valurent une place de choix, et ses idées furent prises en considération par les deux pères. Mgr Pinault lui confia la charge de receveur des loyers du diocèse et parlait avec lui de tout ce qui avait trait à l'Église, le consultant en diverses occasions. Notre prieur le considérait comme un catholique fervent et faisait appel à lui dès qu'il était question de prise de contact avec les communistes. Ils le recommandèrent même à leurs propres successeurs avant d'être exilés, laissant la consigne de lui faire confiance et d'avoir recours à lui en cas de besoin. Tous, le père Lawrence Li Wenjing, le père Robert Xue, le père Gaétan Loriers et le père Paul Wu Yong, suivirent les recommandations à la lettre. D'autres prêtres, des séminaristes, des sœurs et des laïcs de Chengdu, restés fidèles, considéraient Zhu comme l'un des leurs et entretenaient avec lui une certaine intimité. Nous allions souvent chez lui pour assister aux messes des prêtres clandestins. Je lui accordais moi-même toute ma confiance, m'en remettant à lui sur presque toutes les questions, grandes ou petites.

De leur côté, les communistes avaient laissé la consigne à des membres de l'Association patriotique de le traiter en ennemi, et même, à l'occasion, de lui causer quelques dommages pour lui frayer une marge de manœuvre et pour ainsi lui permettre de procéder avec plus d'efficacité à la désintégration silencieuse de l'Église clandestine. Un jour, vers la fin de 1953, je fus amené à me rendre chez lui. Il me raconta à cette occasion qu'il avait été un officier de l'armée du Guomindang et qu'il gardait caché son uniforme militaire et toutes ses pièces d'identité sous le plancher de sa chambre à coucher. Il tint même à exprimer sa loyauté envers l'Église en affirmant qu'il pouvait soutenir l'épreuve du temps !

Même le père Lawrence Li, évêque clandestin du diocèse de Chengdu tomba, comme tous les autres, dans le piège. Le père Li, qui fut nommé secrètement par Mgr Pinault juste avant son expulsion, reçut une lettre écrite en latin du père François Dufay, un missionnaire français résidant à Hong Kong depuis son expulsion de Chengdu le 31 mars 1952, qui lui demandait d'envoyer quelqu'un à Shanghai aussi vite que possible pour réceptionner une somme d'argent importante des mains d'un autre missionnaire français, le père Louis Suchet Amiotte, prêtre de paroisse à Singapour à partir de 1956 après son expulsion de Chine le 5 mai 1955. Le montant, environ 5000 dollars américains, était une somme dont le diocèse manquait cruellement.

Après réflexion, le père Li me désigna avec Zhu Chaoqian pour remplir cette mission importante et confidentielle. Sachant que mon départ avait toutes les chances d'être entravé par la Police locale, il fut décidé en définitive de faire partir Zhu en avant, et nous devions nous retrouver un peu plus tard à Chongqing. Toutes mes démarches pour pouvoir entreprendre ce voyage n'aboutirent pas et Zhu poursuivit seul sa route.

Rétrospectivement, tout ça apparaît à l'évidence aujourd'hui comme ayant été arrangé et manigancé d'avance par les communistes. Zhu portait sur lui, avec mes deux documents, des lettres de recommandations du père Li, celles d'un autre prêtre ainsi que les miennes ! Ainsi était-il en mesure non seulement de s'approprier une grande somme d'argent, mais aussi d'entrer en contact avec tous nos amis de Chongqing, Wuhan, Shanghai et Canton. Il put ainsi avoir accès à toutes les informations concernant l'Église de ces grandes villes. L'argent lui fut donc remis et resta placé sous sa responsabilité et son contrôle dès le tout début, et quand l'argent parvint au diocèse de Chengdu, le père Li ne disposa que de très peu d'argent jusqu'à son arrestation en novembre 1955, le reste ayant probablement échoué entre les mains des communistes.

Un mois après avoir confié mes documents à ce prétendu ami, le compagnon Zhu rentra de son voyage à Shanghai et refit son apparition à Chengdu. Il me fit parvenir un message m'informant qu'il avait bien remis mes documents au père Aloysius Jin. Il déclara même que le père Jin lui avait conseillé de les confier à quelqu'un d'autre, sa propre arrestation paressant imminente. Je ne sais pas le fond de l'histoire, mais les deux textes écrits pour la défense de l'Église disparurent dans la nature, pour ne plus jamais réapparaître tel « *un bœuf d'argile entrant dans la mer, englouti à jamais* », comme dit le proverbe chinois.

Ce n'est qu'au cours de l'été 1955 que le masque de Zhu tomba avec les révélations de Fan Tingsen, son complice et mon ancien compagnon de noviciat. Nous en fûmes tous complètement stupéfaits et choqués. Cela nous parut a priori inconcevable, mais en reprenant depuis le début, étapes par étapes, l'enchaînement de notre relation avec lui dans ses moindres détails, nous dûmes nous rendre à l'évidence et bien admettre finalement que Zhu Chaoqian ainsi que ses deux camarades, Li Zhenyu et Fan Tingsen, étaient bel et bien des agents secrets des communistes à l'œuvre parmi nous. Tous les trois faisaient des comptes rendus réguliers à la section de la police criminelle et à ses officiers et donnaient des renseignements aux agents du Parti sur chacune des dernières évolutions au sein de l'Église clandestine. Quand ils entraient en contact avec cette antenne communiste, ils faisaient en sorte de s'éviter. Si par hasard ils étaient amenés à se rencontrer, ils devaient s'ignorer et ne pas se saluer. Il leur était formellement interdit de se consulter entre eux et ils devaient se cantonner chacun dans leur champ d'investigation propre. Ils remettaient des rapports indépendants à leur supérieur commun immédiat, et ce dernier leur communiquait les dernières instructions ainsi que leur prime mensuelle.

Fan éprouva un tel sentiment de culpabilité qu'il ne put supporter davantage sa position. Il dévoila ce « secret d'État » à notre Église clandestine et fut en conséquence arrêté par les communistes à la mi-novembre 1955, une semaine après ma propre arrestation. Au mois d'août 1958, il fut condamné puis envoyé dans un des nombreux camps de réforme par le travail, ou *laogai* en chinois.

Pendant toute cette année passée à Chengdu, je faisais de mon mieux pour n'éveiller aucun soupçon. En plus de mes relations étroites avec l'Église clandestine, je menais la vie ordinaire d'un honnête citoyen, priant, lisant, étudiant et écrivant. En mars 1954, je me lançais avec M. Vincent Yuan Nengding, sœur Anna Lei Jingyuan et sœur Assomption Jiang Qifang, deux franciscaines missionnaires de Marie, dans un petit commerce. Nous avions une épicerie et nous vendions des cacahuètes, des œufs, des condiments ou du savon, ainsi que des allumettes et du papier toilette.

Je passais mon temps à courir les entreprises d'État, les grossistes ou bien à me rendre sur les marchés de banlieue pour approvisionner nos étalages en marchandises. Je devais me rendre régulièrement au bureau syndical des épiciers pour assister aux réunions et écouter des conférences. Je devais aussi entretenir constamment mes relations avec les gens de ma profession. Toutes ces obligations furent tellement pesantes physiquement et moralement, qu'il est facile d'imaginer le poids de fatigue qu'elles firent peser sur mon esprit. Au bout de six mois, nous perdions de l'argent. J'accusais le coup et me résignais, finalement, je repris mes études de philosophie, qui avaient le pouvoir de me vivifier et de m'apporter tant de lumière et tant de satisfaction.

Ma situation financière continuait à se dégrader. Je n'avais ni compte en banque, ni autre source de revenu, tout juste quelques dollars en liquide. Chaque mois je dépensais sept dollars pour ma nourriture qui m'étaient généreusement donnés par le père Lawrence Li. La vie devenait rude, mais je ne me décourageais pas pour autant et ma volonté ne fléchissait pas. Le printemps suivant j'écrivis au père Paulinus Li, prieur du monastère des trappistes de Hongkong, ainsi qu'au père Gaétan Loriers de l'abbaye de Saint André de Bruges en Belgique. Tous deux répondirent aussitôt. Ils me donnèrent des conseils et m'aidèrent. Le premier me remit une certaine somme d'argent à plusieurs reprises, tandis que le second m'envoya un nouveau missel en français et latin, deux petits exemplaires du bréviaire et autres livres religieux. Ces échanges contribuèrent non seulement à redresser mon niveau de vie, mais eut pour effet de raviver ma foi. Pendant cette période confuse, je fréquentais régulièrement mes compagnons de lutte de Chengdu. Nous nous encouragions mutuellement et mon espoir prit un nouvel essor.

Moins de deux mois avant mon arrestation, j'appris la terrible nouvelle de la vague d'arrestations et d'emprisonnements qui s'était abattue sur l'évêque, les prêtres et les laïcs du diocèse de Shanghai restés fidèles à Rome. Tandis que la main de fer communiste resserrait son étreinte sur ma liberté, juste une semaine avant d'être arrêté, un petit groupe de militants de l'association patriotique de Chengdu vint me rendre visite à l'improviste pour tenter de me convaincre de me rétracter et m'inciter à trahir la vraie foi. C'était le signal annonçant l'imminence de mon arrestation.

La coupe que j'avais désiré boire au début de mon combat quatre ans plus tôt, et qui m'avait été refusée, était maintenant à ma portée. J'étais entièrement prêt à la lever et à la vider avec joie pour le Seigneur. Pour purifier entièrement mon âme et fêter dignement le jour de mon saint patron, j'avais fait, quatre mois plus tôt, une retraite spirituelle de trois jours au monastère des trappistes situé à proximité. J'y avais fait une confession générale en prévision de ce qui pouvait m'arriver et ainsi me mettre dans les meilleures dispositions pour accueillir la volonté de Dieu avec courage et paix.

夢聖誕

七律

一九六七年十二月二十四日

於南充監獄

救主生時雨雪霏，
歡迎玉笛朔風吹。
牧童覓謁貞萱樂，
天使聞歌養父怡。
仰視奇星賢士愕，
沉思聖誕信徒傳。
夜闌囚語南柯逐，
身在鐵窗醒始知！

RÊVE DE NOËL

Dans le style poétique « Qilu »
(en sept caractères et huit vers)
Prison de Nanchong, le 24 décembre 1967

Au milieu d'une bourrasque de pluie et de neige,
le Divin Sauveur est né,
et sur le timbre d'une Flûte de Jade,
le vent glacial vient le saluer.
La Vierge Mère exulte en voyant les bergers s'incliner,
et le père adoptif se réjouit d'entendre le chant des anges.
Les yeux levés vers l'Etoile mystérieuse,
les Sages s'étonnent,
et plongés dans la méditation de Noël,
les disciples sont heureux.
Mais vers la fin de la nuit,
le chuchotement des prisonniers vient briser mon beau rêve,
à mon réveil je réalise que mon corps est en prison !

CHAPITRE III

Emprisonnement à la prison de Chengdu

Novembre 1955

Le jour favorable et béni que le Seigneur me préparait de toute éternité arriva enfin, le 7 novembre 1955. Vers trois heures du matin, je fus brusquement réveillé par le bruit d'un klaxon de voiture suivi de celui d'un violent coup lancé contre la porte. Sœur Anna Lei Jingyuan, qui dormait dans une petite pièce du rez-de-chaussée près de la cuisine, se leva aussitôt au bruit de la porte et alluma la lampe électrique pour aller ouvrir. A peine avais-je eu le temps de me lever et de m'habiller que deux personnes, revolver à la main, grimpaient déjà l'escalier quatre à quatre. En les dévisageant attentivement, je reconnus l'un d'eux, monsieur Zhang, policier responsable de notre quartier. « *Haut-les-mains!* » crièrent-ils, en pointant leur pistolet dans ma direction.

Alors, l'autre cadre, qui m'était inconnu, fit à son tour d'une voix forte la lecture de mon mandat d'arrêt stipulant que j'étais arrêté pour crime « contre-révolutionnaire ». Sans attendre, ils me passèrent les menottes aux poignets et perquisitionnèrent mon bureau et mon lit emportant photos et cahiers. Je restai comme hébété et abasourdi un bref instant, quand on m'ordonna brutalement de descendre. Je fus conduit à l'extérieur jusqu'à une petite Jeep garée sur le pas de la porte dans la rue. Le cadre qui m'était inconnu me poussa à l'arrière et le conducteur démarra aussitôt en direction du nord. J'étais en chemin vers le centre de détention n° 2 de la grande prison de la rue Ningxia. Ce jour-là, ainsi que les jours suivants, bon nombre de prêtres, séminaristes et laïcs furent arrêtés et emprisonnés de la même façon.

La nouvelle de notre emprisonnement et de nos crimes fut publiée dans l'édition du 25 novembre du quotidien *Sichuan Ribao*. Les autorités s'arrangèrent pour que mon chef de groupe de prisonniers, Cheng Min, me fasse lire le journal. En première page, en gros titre était écrit : « *Un groupe contre-révolutionnaire dirigé par Li Wenjing...* ». L'article occupait toute la page. En deuxième page s'étalaient des articles écrits par des transfuges récents nous accusant de « crimes » et dénonçant nos positions religieuses. Je suis incapable de me rappeler en détail le contenu de tous ces exposés et articles, je me souviens simplement que j'étais alors considéré comme une voûte de l'édifice « contre-révolutionnaire » et que j'étais traité de « chien courant des impérialistes ». Ma lettre adressée aux catholiques de Chine et mon manuscrit *Du Paradis au Purgatoire* étaient brandis comme les preuves indiscutables de ma volonté de « détruire » le mouvement patriotique des trois autonomies et de mes tentatives de « calomnies et attaques effrénées » contre le parti communiste et le gouvernement populaire.

*

Quand je pénétrai dans la prison Ningxia, j'entrai dans un univers qui m'était totalement étranger et différent de tout ce que j'avais pu connaître jusque-là. Vétuste, la prison était divisée en plusieurs parties, dont certaines étaient réservées aux hommes et d'autres aux femmes ; l'ensemble donnait l'impression de couvrir une vaste superficie. L'endroit où je fus emprisonné au début était constitué de cinq bâtisses rectangulaires sans étage, disposées en forme d'éventail avec une sentinelle postée à l'entrée. Ces différents bâtiments étaient appelés des *daozi.* Chacun était traversé par un long couloir central avec des lampes électriques suspendues au plafond. La porte du *daozi* était laissée ouverte la journée mais restait verrouillée la nuit. Ce changement brusque de mon environnement eut des conséquences profondes et éprouvantes sur tout mon être. Je n'avais jamais connu le luxe, mais je n'avais jamais manqué non plus de ce qu'une vie ordinaire peut exiger. Là, j'étais jeté au milieu d'un groupe de dix prisonniers avec lesquels j'étais obligé de vivre. Dans notre *daozi* nous cohabitions aussi avec treize autres groupes.

Chaque *daozi* comprenait sept cellules de chaque côté du long couloir étroit qui traversait le centre du bâtiment rectangulaire. Les cellules, mal éclairées par les lampes du couloir à travers la fenêtre, faisaient chacune environ quatorze mètres carré et toutes étaient habitées d'au moins dix prisonniers. Il n'y avait pas de lit et nous dormions à même le plancher. Un pot de chambre était laissé dans la cellule pour nos besoins et nous ne pouvions sortir qu'une fois par jour, en groupe, pour aller aux toilettes centrales. Nous avions deux repas par jour : le petit déjeuner et le dîner. Chaque repas était constitué de légumes et de riz non décortiqué mélangé à du son de froment. Au début, j'eus beaucoup de mal à ingurgiter le riz au goût rebutant, mais, parce que je voulais vivre et lutter pour le Christ, l'homme affamé que j'étais ne pouvait pas faire le difficile. Progressivement, mon organisme s'habitua à vivre de cette pâtée sèche et brunâtre.

Nous passions nos journées en silence, assis à nos places, à faire des auto-examens ou bien à mettre par écrit nos confessions. Nous pouvions être appelés à n'importe quelle heure du jour ou de la nuit pour des interrogatoires. En soirée, des sujets divers, extraits des journaux, nous étaient lus à voix haute dans le couloir, et nous devions ensuite en débattre dans notre petit groupe. Vers vingt-et-une heures, le cadre de service venait faire l'appel puis verrouillait la porte de la cellule : c'était l'heure du coucher. Chaque matin à sept heures, la porte s'ouvrait de nouveau et nous nous levions pour entamer une nouvelle journée de vie monotone.

La porte en fer et les murs d'enceinte de la prison me donnèrent l'impression de m'avoir dépouillé de tout mon courage et de m'avoir ôté mon esprit combatif, me plaçant dans l'illusion d'avoir touché le terme de ma lutte. Le brusque et radical changement de vie, mon manque de connaissance des lois et mon ignorance des procédures judiciaires me donnèrent toutes sortes d'angoisses ; l'atmosphère d'intimidation dans laquelle je fus plongé créa en moi des tensions et des craintes ; d'autant plus que je savais pertinemment que depuis plusieurs mois les communistes avaient été tenu au courant de tout mes agissements, qu'il s'agisse du monastère ou de l'église locale, grâce à leurs trois espions, Zhu Chaoqian qu'ils avaient envoyé, Li Zhenyu, qu'ils avaient soudoyé et Fan Tingsen, dont la mission était d'infiltrer l'Église. Dérouté, dans ma confusion, j'acceptai d'écrire sans récriminer une « confession » à la suite d'un interrogatoire subi le troisième jour de ma détention. Je donnai même au chef-prisonnier de mon groupe, Cheng Min, carte blanche pour revoir mon texte et le reformuler à sa guise.

Quand je pense à ce geste encore maintenant, j'en éprouve un tel regret et une telle honte que j'en reste confondu. Il ne me reste plus alors qu'à faire appel à l'infinie miséricorde de Dieu, mon Sauveur, pour réclamer une fois de plus son pardon. Une fois remaniée, cette « confession » des crimes dont j'étais accusé fut remise entre les mains des cadres de la prison. Ma détresse et ma confusion durèrent encore un mois et demi, au bout de cette misérable période je repris le dessus et recommençai à discerner les événements et à me reprendre. Je fis halte et reconsidérai tout depuis le début avant même que la situation ne m'échappât définitivement et ne devînt irréversible.

Pour entretenir et raviver ma foi intérieure, je me mis à m'appuyer sur les fondations solides de ma vie de prière acquise tout au long de mes années passées au monastère. Jour après jour, je récitais les prières fondamentales que j'avais sélectionnées au début des années cinquante, avec les complies et toute la liturgie principale de la messe gardées en mémoire ; à différentes heures, je tournais mon âme vers le Seigneur pour l'adorer et le recevoir en esprit dans le sacrement de l'Eucharistie. Chaque fois que c'était possible, je récitais les quinze mystères du rosaire pour remplacer l'office divin, je profitais de toutes les occasions et de tous les endroits pour prier. Par exemple, je priais au cours des grands meetings et lors des séances d'étude en groupe, je priais en marchant, en me reposant ou bien couché. Il m'arriva plusieurs fois, à cause de ma distraction, d'avoir la malchance d'être repéré par des prisonniers qui m'avaient vu psalmodier du bout des lèvres, et à chaque fois je me retrouvais au pilori pour devenir l'objet de leur dérision, de leurs insultes et de leurs attaques.

La prière que j'adressais au Seigneur, dans ce petit enclos de 14 m^2 où j'étais confiné, ressemblait beaucoup à celle du prophète Jonas qui fut avalé par un poisson géant et qui resta dans son ventre trois jours et trois nuits. Du ventre du poisson il cria vers le Seigneur et tout en chantant un hymne de louange à sa gloire, il s'offrit à Dieu en sacrifice. (Jon 2, 1-2)

Le soir du premier réveillon que je passai en prison, vers dix-neuf heures trente, je fus appelé pour un interrogatoire où l'on m'intima l'ordre d'accuser un prêtre incarcéré dans la même prison. Le faire eut été considéré par celui qui m'interrogeait comme un acte méritoire qui aurait pu servir de réparation à mes propres crimes. Je refusai catégoriquement de me plier à sa demande parce que c'eut été aller contre les préceptes de l'Église. Dans ma réponse à ses interrogations brutales, je lui expliquai clairement que si le prêtre avait effectivement commis des crimes, le gouvernement du peuple n'avait qu'à le conduire en justice, et qu'après vérification des faits les autorités religieuses traiteraient en conséquence son cas en fonction de la loi canonique. Je résistai à ses menaces répétées et refusai de « dénoncer, condamner et critiquer » les soi-disant crimes et graves erreurs contre les Commandements qu'on reprochait à ce prêtre d'avoir commis. Finalement, le long interrogatoire d'une heure prit fin sur la phrase lapidaire : « Ceux qui sont irrémédiablement bornés finissent toujours mal ! »

Dès cet instant, je pris la décision d'éviter toute parole ou propos susceptibles d'être retournés contre l'Église dans mes déclarations que les cadres de la prison m'obligeaient à écrire.

C'était ce qui était arrivé avec un rapport écrit en mars 1956 sur la demande des communistes, concernant l'ordre bénédictin. Plus de trente pages pourtant écrites en parfaite conformité avec les vues de l'Église. Quand Cheng Min, le chef de groupe, les lut, il me glissa à l'oreille, « *Ce que tu as écrit n'est pas mal du tout, philosophique et intéressant !* »

Même si c'était vrai, je compris qu'il ne fallait pas tout raconter aux communistes sur les fondements, la finalité, la structure, la règle et la vie de l'ordre bénédictin ou bien sur le développement de notre monastère à Chengdu. Je vis qu'une telle attitude eut été perçue comme l'expression d'un fléchissement et comme l'aveu de ma culpabilité, le simple fait que le chef de mon groupe ait pu apprécier mon texte rendit mon acte suspect et donc condamnable.

A cette époque, comme les autres prisonniers, j'assistais aux réunions quotidiennes d'étude politique. A ces occasions je prenais souvent la parole et il m'arriva même de faire l'éloge du Parti communiste.

Je fis plusieurs fois la lecture des journaux et des textes officiels pour mon groupe. J'acceptais aussi de prendre part aux analyses de l'actualité, mais dès que j'entendais des calomnies ou des insultes d'autres prisonniers contre l'Église catholique, que ce soit dans le cadre de ces réunions d'étude ou en dehors, je me dressais aussitôt pour défendre sa rectitude, contrer les attaques et rétablir la vérité.

Je me souviens très bien d'un incident de ce genre qui eut lieu au cours de l'été 1956. Un débat houleux au cours d'une réunion d'étude m'opposa à un membre de notre groupe du nom de Li, qui parlait l'anglais et le russe. Après la réunion, il rédigea une « accusation écrite » pour s'attirer la sympathie et l'approbation à la fois des cadres et des prisonniers. Du coup, un cadre du centre de détention me fit appeler pour me demander des explications sur ce qui s'était passé et il me tendit la « lettre d'accusation » du prisonnier Li pour que j'en tire une leçon.

Dans sa miséricorde, Dieu m'accordait Son soutien et me permit finalement de renverser le cours des choses. Tandis que j'étais sur le point de tomber dans le piège, il m'aida à rebrousser chemin et à refaire surface en me donnant les moyens de reprendre tous mes esprits. Au début de l'été 1956, je pris la décision de n'écrire qu'une partie du rapport que les cadres me demandaient d'écrire. A la fin de cette même année, j'étais déterminé à ne plus rien écrire du tout. En octobre, quand on me demanda d'aller plus loin dans ma première déclaration, je pris le chemin inverse et demandai qu'on m'autorisât à corriger les erreurs que j'avais pu glisser dans cette déposition. Même si je n'obtins jamais gain de cause, ma volonté s'en trouva renforcée dans sa détermination de poursuivre cette nouvelle trajectoire et je gardais bon espoir de reconquérir toutes mes facultés.

*

En décembre 1956, je profitai de l'inspection générale annuelle pour écrire sur deux-trois pages un *Résumé sur mes pensées de 1956.* J'y défendai vigoureusement toutes les paroles ou actions que j'avais pu entreprendre dans le passé pour défendre l'Église, j'attirai l'attention sur le fait que j'étais incarcéré uniquement à cause de mes croyances religieuses. Je renouvelai ma demande de pouvoir réviser entièrement mes déclarations écrites depuis le début de mon emprisonnement ; de plus, je déclarai solennellement que s'ils n'acceptaient pas, je considérerais l'intégralité de ces écrits comme nulle et non avenue. Je fis une autocritique et revins sur toutes mes assertions ou gestes - susceptibles d'avoir prêté à confusion - faits lors de mes interventions pendant les réunions d'étude ou bien lors des « examens politiques ». De même, j'expliquai les bases purement religieuses sur lesquelles je m'appuyais pour observer la discipline carcérale et participer au travail manuel. De ce résumé je comptai faire un tournant dans ma vie de prisonnier et le point de départ d'une nouvelle phase dans mon combat pour Dieu.

Plus tard, je pris l'initiative d'écrire et de soumettre un autre texte aux autorités du centre de détention n° 2, dans le but de corriger mes erreurs passées. Au début de 1957, je refusai d'écrire sous l'effet des intimidations de ceux qui procédaient aux interrogatoires, je refusai de participer aux réunions d'étude quotidiennes, aux

« contrôles de routine » ou de me plier à « la réforme de la pensée » ; je consacrai le temps obligatoire réservé à l'étude de la politique à apprendre quelques rudiments de russe et à parcourir des livres et des revues. Mes premières déclarations du tout début me poursuivaient et m'empêchaient d'avoir la conscience tranquille, aussi pendant l'été de 1957, par deux fois j'insistai auprès des cadres de la prison pour qu'ils me laissent corriger les erreurs de ma déposition de 1955. Mais lors d'un entretien, M. Wang, chef du service des interrogatoires, m'opposa un refus prétextant que mon dossier venait d'être transféré dans un autre département.

*

En 1957, tandis que je passais mon deuxième mois d'octobre en prison, un mois du Rosaire à la fois lumineux et vivifiant, en l'honneur de Notre-Dame du Rosaire et en réparation de mes fautes commises durant la première partie de mon emprisonnement, je me décidai à prendre les devants et à renforcer mon esprit de résistance en vue du combat à venir : en premier lieu, je pris la décision de déclarer publiquement, à chaque fois que l'occasion se présenterait, que j'étais emprisonné pour l'Église. En second lieu, je devais réfuter toutes les diffamations contre l'Église exprimées devant moi par d'autres prisonniers. Troisièmement, je devais m'opposer à ce que les autres prisonniers me qualifient de criminel ou parlent de moi comme d'un détenu coupable. Pour terminer, je décidai de ne pas répondre à l'appel que le cadre faisait chaque soir à l'heure du coucher. Le cadre de service exécutait ce rituel de la prison un registre à la main au moment du coucher, il appelait chaque prisonnier par son nom, chacun devant s'avancer jusqu'à la porte et répondre ; une fois que le tour des dix prisonniers était passé, le cadre refermait la porte, ce qui était le signal du repos.

A cause de mon refus de participer aux séances d'appel, je fus accusé d'entraver le bon déroulement du règlement disciplinaire de la prison, et après l'échec du chef du centre de détention et de quelques-uns de ses subordonnés dans leurs tentatives de me faire changer d'attitude, un petit rassemblement fut organisé le 14 octobre. Il était supposé être un meeting de dénonciation et de critique constitué principalement d'une dizaine de prisonniers modèles qui s'efforçaient de se réformer activement.

Dès lors qu'on devenait la cible de dénonciations et de critiques, toute une série de punitions pouvaient fondre sur nous tout au long des aveux et examens forcés. Les sévices habituels étaient la confrontation lors des petits ou grands meetings, de rester dans la position debout en gardant la tête baissée, de rester des heures plié en deux au niveau de la ceinture, d'endurer des insultes, des calomnies, des injures et des coups, avoir ses vivres quotidiens rationnés et les primes mensuelles diminuées, être placé sous surveillance rapprochée, être ligoté, se voir passer les menottes ou les fers, être mis au cachot, recevoir des blâmes et voir sa peine prolongée, ou au pire, être tout simplement liquidé. Certaines de ces punitions violentes pouvaient être maintenues des heures entières, parfois plusieurs jours et même des semaines, dans certains cas elles duraient des mois et des années. D'une façon générale, le châtiment cessait dès l'instant où la victime fléchissait et s'inclinait en « admettant ses crimes ». Il fallait faire des aveux complets, faute de quoi c'était la torture à mort pour ses idées.

Les autorités communistes de la prison étaient terrifiantes, arrogantes et tenaces, elles s'ingéniaient à faire appel à toutes sortes de ruses et d'astuces pour parvenir à saper l'esprit des prisonniers, à ruiner leur santé physique et morale. Ô Seigneur, il était vraiment impossible sans ta grâce et ton soutien tout spécial de résister si longtemps et d'arriver finalement à les mettre en échec. Sans toi, toute résistance eut fait penser à « une petite fourmi essayant en vain de secouer un arbre gigantesque ». Dans un tel contexte, il n'était pas surprenant, et il était même impensable de songer à condamner ce fait ordinaire, de voir quelqu'un se laisser emporter par la force du courant ou de le voir manquer son but de justesse dans un dernier sursaut de résistance. Les prisonniers modèles étaient ceux-là même qui avaient cédé au courant et c'était de leur plein gré que dans notre compagnie dix d'entre eux avaient rejoint les cadres pour tenter de me faire entrer dans leur réforme.

Mon obstination dans mon refus de suivre « l'observance normale » du régime disciplinaire de la prison obligea les cadres à me passer les menottes dans le dos. Il était environ quatre heures, un après-midi de ce mois d'octobre.

En silence, je priais Notre-Dame du Rosaire, Reine des martyrs, et ce fut dans la paix que je supportai les blessures de mes deux bras enflés et que je parvins à dépasser la cruauté des cadres du parti communiste. Je restai cinq heures entières les deux bras endoloris par les deux anneaux en bronze qui les tenaillaient dans le dos. Je ne poussai ni cri ni hurlement, pas un soupir, pas un gémissement, je reconnus encore moins mes fautes comme m'y invitaient les cadres et les autres prisonniers, ni même implorai leur clémence. Juste avant l'heure du coucher, le cadre Gao me fit venir dans son bureau et de lui-même, sans rien me demander en échange, me desserra les menottes d'un cran, me laissant toujours dans la posture pénible avec mes bras dans le dos.

Pendant vingt-neuf jours mes bras restèrent enserrés dans ces anneaux de bronze. Manger, dormir, rester debout ou bien assis, tous ces mouvements d'une vie ordinaire devinrent douloureux. Un prisonnier compréhensif m'aidait à mettre la nourriture dans ma bouche, je ne pouvais pas dormir autrement qu'en allongeant mes jambes droit devant moi, le dos appuyé contre le mur de la cellule. Tous les jours j'avais droit aux moqueries et railleries des autres prisonniers, pourtant, ni la torture physique ni la pression psychologique ne purent d'aucune manière ébranler ma volonté inflexible.

Le chef prisonnier de la compagnie, Yi Zuyou, à plusieurs reprises, me lança dans l'allée de la prison des invectives pleines d'ironie en m'accablant : « *Ça fait un petit moment que tu n'as pas changé tes vêtements. Ton corps doit être infesté de vermine. Si tu t'obstines, ça va être terrible ! Pourquoi ne cours-tu pas immédiatement auprès du cadre pour reconnaître tes fautes pour que tu puisses être libéré de ce matériel pédagogique ? C'est toi qui a mis le feu aux poudres, c'est à toi d'en venir à bout, comme dit le dicton : Laissons celui qui a noué la cloche au cou du tigre la détacher lui-même !* »

Au fond de moi, je pensais que « la nuit aurait forcément une fin et que la persévérance ne manquerait pas de m'apporter la victoire. »

Un mois plus tard, la nuit du 12 novembre, on me retira finalement les menottes, et, avant d'être relâché on me fit promettre de répondre aux appels du soir. Mais je continuais à refuser de faire la moindre confession, d'accepter la réforme ou d'assister aux réunions quotidiennes d'étude. Je repoussais toutes les autres concessions que le cadre Gao m'invitait à faire.

Aujourd'hui, avec le recul, je réalise combien mon attitude déraisonnable de ne pas me plier au règlement disciplinaire de l'appel du soir fut la cause principale de ce long mois passé les menottes aux poignets, mais je sais aussi que j'ai agi avec la bonne et sainte intention d'honorer notre Mère du Ciel et de faire pénitence. De ce point de vue, je ne considère pas ma réaction sans signification et sans valeur, ou comme totalement vaine ; au contraire, elle me donna la possibilité de vivre une épreuve cruciale pour ma volonté et permit à l'amour miséricordieux de notre Mère du Ciel de se révéler avec encore plus de générosité et de se rendre encore plus présente. Ce fut l'occasion de me prodiguer les forces indispensables dont j'allais avoir besoin pour la longue et rude bataille qui s'annonçait.

La punition des menottes ne réussit pas à étouffer le feu dévorant de l'amour du Seigneur qui brûlait dans mon cœur, elle ne put, au contraire, que raviver mon ardeur à défendre l'Église. Un mois et demi plus tard au moment de passer mon troisième Noël en prison, je remis aux autorités du centre de détention un mémorandum d'une vingtaine de pages.

Dans ce document, je m'opposai systématiquement et point par point à toutes les accusations retenues contre moi. En même temps, je mettai en avant la droiture et la légitimité de mes paroles et actions passées en faveur de l'Église. J'exigeai une fois de plus auprès des cadres qu'ils me laissent corriger toutes les erreurs que j'avais pu commettre au début de mon emprisonnement et d'annuler tous les « aveux » que j'avais pu faire. Dans ce « mémorandum », je déclarai formellement que l'inflexibilité de mon attitude et que la fermeté de ma position seraient désormais définitives et irrévocables. En face de ma signature j'accolai la mention : *le persécuté,* non seulement sur la partie extérieure mais aussi à l'intérieur du document lui-même, ce qui était en soi un défi de plus directement lancé à la face du parti communiste chinois.

Malheureusement, le manuscrit de mon *mémorandum,* tout comme le *Résumé sur mes pensées* écrit un an plus tôt, furent confisqués lors de l'inspection de la prison fin avril 1958. Toujours est-il que les communistes n'eurent aucun moyen de venir à bout et de détruire la sincérité avec laquelle je confessais mes péchés au Seigneur ou faisais pénitence. Ils n'avaient pas non plus le moyen de m'arracher le désir que j'avais de les braver jusqu'au bout au nom de la foi ; bien au contraire, ma sincérité et mon ardeur restèrent toujours un témoignage éclatant maintenu en évidence aux yeux de tous.

*

Mes deux années et demi de vie militante passées au centre de détention n°2 de la grande prison de la rue Ningxia se terminèrent en avril 1958 par une victoire. Je fus alors transféré au centre de détention n°1 de la rue Wensheng dans la même ville. Ce changement fut le début d'une deuxième phase plus redoutable encore dans ma lutte contre le parti communiste. Dans cette nouvelle prison, les détenus devaient assister tous les jours à des procès publics qui ne s'arrêtaient jamais. Tout une série de sanctions accompagnaient ces réunions dont, notamment, la diminution des rations alimentaires, l'obligation de rester immobile sur de longues durées, ou bien d'avoir les menottes dans le dos ; des chaînes et des cordes étaient aussi très souvent utilisées. Les prisonniers étaient terrifiés et abattus. Dans cette mise en scène tout servait d'intimidation, « l*es herbes et les arbres, tout n'était que troupes* ! » dit le proverbe chinois.

Pour ce qui me concerne, ma position et mon attitude restaient fixes et définitives. Chaque jour, les cadres et les prisonniers de mon unité pesaient de tout leur poids pour m'obliger à avouer mes crimes, à accepter la réforme, à écrire les déclarations exigées, à prendre la parole durant les réunions d'étude, et à faire mes auto-examens et autocritiques : je résistais avec constance à leur pression.

Un jour, au plus chaud de l'été, un détenu, Gao Xiantan, se mit à dénigrer spontanément mon obstination lors d'une réunion d'étude de notre petit groupe : *« Pourquoi veux-tu* – dit-il – *aller à contre-courant, Zhou Bangjiu ? Pourquoi ne changerais-tu pas pour marcher dans une nouvelle voie ? Ouvre un peu tes yeux de snobinard et vois un peu comme les choses vont bien maintenant ! La campagne du « grand bond en avant » lancée par notre grand chef, le prési-*

dent Mao, a déjà embrasé tout le pays comme un feu. La nation entière déploie toute son énergie et ses esprits pour réaliser au mieux la ligne générale pour la construction du socialisme. Qui peut s'y opposer ? Qui pourrait avoir la témérité de refuser de suivre le parti communiste ? »

« Nous n'avons pas besoin d'aller bien loin, il suffit de regarder autour de nous ! Chu Yitian était un journaliste et un écrivain, Zhang Renlun, était un expert comptable officiel, et ce détenu estropié était aussi quelqu'un de savant et de connu. Quant à moi, pour te dire la vérité, j'étais un ingénieur, un intellectuel de haut rang. Nous nous sommes tous inclinés devant le parti. Et toi, tu te prends pour qui ? Rien ! Tu n'es rien qu'un blanc-bec ignorant et incompétent, jeune et sans expérience ! C'est vraiment pénible de penser que tu puisses défier le parti communiste jusqu'au bout ! Tu es franchement odieusement prétentieux et irrémédiablement stupide ! »

Dès que Gao eut achevé sa tirade, tout le groupe se mit à me chahuter en chœur. Tandis que certains d'entre eux me condamnaient avec brutalité, les autres tentaient de me persuader par la douceur, pas un ne se risqua à me manifester sa plus petite sympathie. Je ne ripostai pas et restai silencieux, comme toujours, pour éviter de m'attirer plus de blâmes et de jeter de l'huile sur le feu.

Après quatre mois de pressions et de menaces, je dus passer devant le tribunal et être jugé en public. En présence de trois juges du tribunal et un cadre du bureau du procureur, appelé procureur de la République, et devant deux assesseurs du peuple, je me retrouvai tout seul, sans avocat privé ou public, je pris ma défense et repoussai leurs fausses accusations. Une fois le procès terminé, je me doutai bien que mon refus catégorique de céder aux communistes allait me coûter une condamnation à long terme, voire même la peine capitale, mais en même temps j'avais conscience qu'il me fallait persévérer dans mes résolutions et rester fidèle à l'Église. Je n'avais plus qu'à tout remettre entre les mains du bon Dieu lui-même.

Au milieu du mois de septembre, je fus appelé à comparaître de nouveau devant le tribunal pour prendre connaissance du verdict. A peine avais-je pris acte de la sentence que j'extrayai de ma poche un petit bout de papier. Au moment d'ouvrir la bouche pour commencer à faire la lecture du message que j'avais préparé à l'avance, un juge descendit brusquement de l'estrade dans ma direction et m'arracha le papier que je tenai dans la main en déclarant : « *Vous n'avez pas besoin de le lire. Donnez-le nous, c'est tout!* ». Avec cet incident l'instruction de ma condamnation tourna court et je fus renvoyé dans ma cellule.

Les points saillants de mon message écrit sur le petit bout de papier arraché étaient les suivants : « *C'est au nom de la foi catholique que j'ai été emprisonné. Je proteste vigoureusement contre tous les jugements portés par ce tribunal qui ne concordent pas avec la réalité. Je n'accepte aucune des charges mensongères retenues contre moi. Je renonce, quoi qu'il arrive, à lancer une procédure en appel, sachant qu'il serait inutile de m'adresser au tribunal d'un échelon supérieur qui de toute évidence ne ferait qu'appliquer la même politique du même parti communiste. Enfin, pour suivre le saint exemple de notre Sauveur Jésus, je suis prêt à purger n'importe quelle peine au nom de la vérité, jusqu'à payer le prix du sacrifice de ma vie.* »

Il ne fut alors pas surprenant de voir les juges communistes m'infliger une peine de vingt ans de prison – la plus longue des condamnations à court terme. Ils voulaient d'une part me punir sévèrement, d'autre part m'inciter à me réformer. En limitant mon temps d'emprisonnement, tout en restant dans le cadre du jugement, ils entendaient me laisser une marge de retournement, espérant me voir un jour me repentir et me mettre de leur côté. Ils voulaient me laisser une voie d'accès pour ma reddition éventuelle et me laisser la chance de me convertir, ce qui pour moi eut signifié leur brader mon âme. Leur tactique était manifestement habile et leur plan vraiment astucieux!

Dix jours après mon jugement, je fus transféré dans l'usine sidérurgique *Drapeau rouge* du camp de réforme par le travail situé près de la nouvelle porte de l'ouest à Chengdu. Je fus affecté au poste de nettoyage du sable des pièces coulées ainsi qu'à divers travaux d'un atelier de fonderie. Un an plus tard, j'étais muté dans une usine toute neuve de fabrication de moteurs qui dépendait du même camp, située dans la campagne en bordure de la porte du nord.

Cette année et demie passée dans ce camp de travail fut loin d'avoir été paisible. Restant fidèle à mes engagements, pas un jour ne passa sans que je ne fusse obligé de lutter. Je devins la cible de toutes sortes d'attaques, les cadres m'interrogeaient et me menaçaient, mes compagnons de prison m'épiaient systématiquement et me harcelaient sans arrêt. J'étais souvent critiqué pendant les réunions d'étude de mon petit groupe et une fois je reçus un grand blâme. Car à côté des accusations et des affrontements lors des grands meetings et des réunions, et à côté de la torture des menottes et des fers, les responsables de la prison ou du camp de réforme par le travail punissaient en général les prisonniers rebelles et hostiles à la réforme au moyen de sanctions disciplinaires officielles telles que les avertissements ou les blâmes. D'après la réglementation de la prison, trois avertissements valaient un petit blâme ; au troisième petit blâme le prisonnier recevait un grand blâme ; trois grands blâmes suffisaient pour justifier une peine supplémentaire.

Ils réduisirent le montant de ma petite prime mensuelle. Le parti communiste chinois exigeait qu'aucun salaire ne soit versé aux prisonniers des camps de réforme par le travail, seules quelques primes mensuelles pouvaient être allouées en fonction des circonstances pour stimuler l'ardeur des prisonniers au travail. Le montant de la prime variait en fonction des fonds disponibles et en fonction de la plus ou moins grande efficacité au travail. En principe l'allocation était de deux yuans par personne et par mois. Étant donné que j'étais un opposant à la réforme et que j'avais endossé un grand blâme, ma prime fut ramenée à quatre maos.

Toutes ces pressions n'eurent pourtant aucun effet. En dépit de l'accumulation des punitions et des menaces, les cadres ne parvinrent pas à me faire écrire la *confession* ou l'*autocritique* escomptée, ni à me faire avouer publiquement lors des meetings le regret de mes *crimes* et mon adhésion à la *réforme*. Ce qui les exaspéra par-dessus tout, ce fut mon refus de mettre mon empreinte sur la carte d'immatriculation sans ajouter en même temps la remarque selon laquelle mon empreinte n'avait ni valeur d'adhésion ni valeur d'objection. Ce procédé de l'empreinte était une des multiples réglementations imposées aux prisonniers pour les atteindre et les assujettir un peu plus, un procédé que les prisonniers étaient incapables pour la plupart de défier.

En fait, entre l'instant où j'entrai en prison et le moment où je traversai le rideau de bambou, j'ai pu constater que pas un seul, de tous les prêtres ou fidèles ayant été emprisonnés avec moi, tout au long de ces années, ne put tenir le coup jusqu'au bout dans leur fidélité au Seigneur. La pression des communistes était beaucoup trop forte et trop soutenue ! Je fus notamment le témoin de la fin navrante de trois détenus ayant déserté la voie droite et étroite, soit dès le début soit à mi-chemin de leur lutte, en se laissant engloutir. L'un d'eux connut une fin tragique alors qu'il se trouvait, tard dans la nuit, dans une carrière montagneuse du camp de réforme de Peng'an, et que les parois rocheuses s'effondrèrent soudainement. Les deux autres furent remis en liberté après avoir professé leur *adhésion à la réforme*. Le premier mourut peu de temps après tandis que le second fut placé en résidence surveillée sans obtenir de véritable liberté.

Cette dure réalité, et l'impressionnante leçon qui en découlait, me brisa le cœur, mais elle eut pour effet de me stimuler et m'entraîna à faire un pas de plus dans la direction d'un combat irréversible pour le Seigneur. Dans cette optique, je fis un vœu au Seigneur en disant : *« Seigneur, sur la Croix, tu as atteint les limites extrêmes de ton agonie si vite, comment pourrais-je enfoncer d'avantage les clous dans tes mains et tes pieds avec mes paroles et mes gestes d'ingratitude et de trahison ? Je ne pourrai plus jamais brader la vérité "pour sauver ma vie dans le déshonneur et vivre dans ce monde trouble"* selon les mots de Zhuge Liang (183-234 ap. J.C.). *Je veux me battre jusqu'à la mort pour toi, être prêt à chaque instant à me jeter dans le combat pour toi, même au prix de ma vie. »*

L'événement qui m'éprouva le plus durant toutes ces difficiles années intervint le 10 janvier 1960. On me réquisitionna ce jour-là pour faire dans l'atelier de fonderie des heures supplémentaires. Vers quatre heures du matin, alors que j'étais en train de nettoyer d'urgence le sable d'une coulée qui venait juste d'être versée, Wang Hanchen, bon camarade, un prisonnier bienveillant qui était contrôleur adjoint aux coulées de l'atelier, vint m'avertir discrètement, alors qu'il était de passage pour un contrôle, que mon frère bénédictin, le père Paul Wu Yong venait juste d'être asphyxié par le gaz et qu'il s'était effondré par terre à peine dix minutes plus tôt alors qu'il transportait un moteur diesel. Toutes les mesures d'urgence avaient échoué, il était mort !

Cette mauvaise nouvelle m'ébranla comme un coup de tonnerre et je vis défiler devant mes yeux tous les souvenirs que je gardais du père Paul. Je repensai à nos treize années passées ensemble au prieuré et depuis la fin d'octobre 1951, à nos quatre années de lutte pour la même foi à Chengdu et dans nos villes natales respectives. Nous avions été arrêtés en même temps et avions été jetés dans la même prison. Quinze mois plus tôt, nous avions été condamnés à la même peine de vingt ans de réclusion puis envoyés dans le même camp de réforme par le travail, nous nous étions retrouvés dans la même usine sidérurgique *Drapeau Rouge*, nous nous rencontrions souvent dans la prison, mais sans pouvoir nous parler ; il nous était impossible d'échanger nos idées. Et voilà qu'à l'âge de 45 ans, en pleine force de l'âge, il nous quittait pour toujours sans dire un seul mot d'adieu. Mon cœur peut-il ne pas en garder une profonde blessure ? Pourtant ma grande amertume fut qu'il semblait avoir persisté dans les compromis qu'il avait fait au départ.

En me rappelant ce que je savais de lui et ce que j'avais entendu et surtout en lisant un article affiché sur le mur de la prison du centre de détention n°2 de la rue Ningxia à Chengdu, durant l'été 1957, je compris avec regret qu'il avait apparemment cédé aux pressions des autorités du Centre de Détention. Il avait fait une confession, avait reconnu ses fautes, participé aux réunions d'étude et manifesté son intention de passer par un remaniement idéologique. Il avait donc fini par renoncer à ses principes d'origine et accepté de nuire à sa propre intégrité. Son attitude, néanmoins, ne peut pas être assimilée à une apostasie, c'était un compromis, celui-la même que j'avais accepté au début de mon emprisonnement.

Avec cette dure épreuve, mes idées se clarifièrent encore plus, je pris conscience de l'ampleur de la difficulté et du sens de la lutte que nous traversions, je discernais avec toujours plus d'acuité le chemin qu'il me fallait suivre. Je devais redoubler de vigilance et l'expérience du père Paul me servait d'avertissement et m'encourageait à lutter avec de plus en plus de ténacité. J'étais prêt à résister coûte que coûte à la pression des communistes, et à défendre la foi jusqu'au bout, quitte à verser jusqu'à la dernière goutte de mon sang.

En effet, un compromis ne pouvait en aucun cas résoudre les questions fondamentales du bien et du mal, ni offrir la moindre garantie pour la sécurité de celui qui s'y résignait. Il ne pouvait que nuire à l'intégrité personnelle et ternir la gloire de Dieu. Pour cette raison je me déterminai à poursuivre le chemin de la résistance et non celui du compromis. Ce ne pouvait être qu'en me maintenant dans cette voie, d'une façon inébranlable, en luttant contre la puissance formidable de la persécution religieuse par une résistance irréductible aux communistes, d'un bout à l'autre et coûte que coûte, qu'il me serait possible de réaliser mon grand dessein : consoler l'adorable Sacré-Cœur de Jésus, lui offrir une compensation, et faire réparation pour mes propres péchés et ceux des autres, œuvrant ainsi pour la gloire de son Église en effaçant la disgrâce dont elle était accablée, et en apportant ma contribution infime au salut des hommes.

Au cours du printemps 1960, je reçus du bureau du procureur de la ville de Chengdu un acte d'accusation qui laissait supposer une prolongation prochaine de ma peine. En raison de ce nouveau chef d'accusation, je dus réintégrer mon ancienne usine, située près de la nouvelle porte de l'ouest, pour effectuer un *auto-examen* et une *autocritique* en attendant de passer devant le tribunal, mais pour une raison qui m'est restée inconnue, les choses se déroulèrent autrement et la procédure fut abandonnée. A la place, je fus transféré dans une prison de haute sécurité réservée aux grands criminels. Les autorités jugèrent probablement que dans cette nouvelle structure et sous de nouvelles pressions j'allais tôt ou tard prendre ce qu'ils appelaient « le chemin du renoncement au mal et de la pratique du bien » et retourner ma veste. Mais ils durent apprendre bien vite, pour leur confusion, qu'ils se berçaient d'illusions et que leurs efforts pour me transformer s'avéreraient aussi vains que de prendre de l'eau avec un panier en bambou, comme dit le dicton populaire.

Le proverbe chinois ne dit-il pas aussi comment « une grenouille au fond d'un puits » saisit et sonde la profondeur des décrets et la subtilité des desseins de notre père qui voit tout dans le Ciel ? Ou encore, comme il est possible à une mante d'arrêter un char avec ses bras ? Qui pourrait déjouer le merveilleux plan du Dieu tout-puissant ?

發誓願二十六週年感懷

滿庭芳

一九八六年十月十五日聖女德蘭慶節

於遼安勞改營單獨囚禁中

神往西天，心傾容市，萬千感慨胸間。
緬懷當日、發願景眉前。
觀禮諸賓濟濟、
今安在？晤否塵寰？
長遭佔 樂園樓宇
何日得榮還？

多年、狠力戰，神杯暢飲，鬪志仍堅。
復吟詠詩詞，氣概昂然。
惟望凱歌早唱
於天國，大願終宣。
孤牢裏，哀求天父，
三願守維虔。

PENSÉES POUR LE 26e ANNIVERSAIRE DE MES VŒUX TEMPORAIRES

Sur l'air de Man Ting Fang

(La Cour aux mille parfums)

Dans ma réclusion solitaire au camp de réforme par le travail de Peng'an, le 15 octobre 1976, fête de Sainte Thérèse d'Avila.

L'esprit tourné vers le ciel de l'ouest
et le cœur incliné devant la ville de Chengdu,
mes sentiments se bousculent.

Me voici de nouveau en ce jour, à cette place,
novice prosterné à l'instant des vœux saints,
tout prêt à me lier pour devenir moine.
Je songe aux nombreux hôtes
qui fixaient sur moi leur regard.
Où sont-ils maintenant ?
Les reverrai-je encore sur la terre ?
Je songe à « La Maison du Paradis »,
mon monastère depuis longtemps envahi.
A quand mon retour glorieux ?

Même après toutes ces années d'affrontements,
je garde la force de lutter !
Pourtant, il était plein à ras bord le divin Calice,
et je l'ai bu entièrement.
A force de remanier mes poèmes,
de psalmodier, j'ai puisé une nouvelle ardeur.
Je n'ai plus qu'un désir : chanter ma victoire.
Et que bientôt dans le Royaume des cieux
je puisse enfin et pour toujours
prononcer mes vœux solennels.

Seul, dans ma cellule,
je supplie de tout mon cœur le père du Ciel
de me garder bien fidèle à mes trois vœux.

Frère Pierre, professe du Prieuré de Chengdu, à Chengdu, province du Sichuan, Chine, novembre 1950.

Frère Pierre (centre) avec ses parents, son frère Jean-Baptiste (à dr.) et sa belle-sœur pendant les vacances d'été. Suining, province du Sichuan, Chine, août 1946

Le 15 novembre 1938, dans la cour de récréation de l'école primaire Zhongyi dirigée par le Monastère, à Sishan, dans la banlieue de la ville de Nanchong (Sichuan), réunion d'adieux organisée pour le départ des Pères Thaddeus et Vincent qui vont à Chongqing prendre part aux travaux liés à la guerre de Résistance contre le Japon. Cliché pris et donné par le Père Eleuthère Winance. A gauche : *3 novices (le 5e est le Père Paul Wu Yong) et le Père Émile Butruille.* Au centre : *le Père Prieur Raphaël Vinciarelli, les Pères Vincent Martin, Thaddeus Yang An-yuen et Wilfrid Weitz.* A droite : *des séminaristes du diocèse local qui suivent des cours de philosophie et de théologie au monastère ; le dernier, portant un drapeau, est le Père Huang Woze, aujourd'hui évêque de Nanchong, nommé par les communistes en juillet 1989.* Devant : *parmi la cinquantaine d'élèves, filles et garçons, se trouve caché au dernier rang, Frère Pierre.*

Mars 1952, alors qu'ils viennent juste d'être expulsés de Chengdu vers Hongkong par les communistes Chinois, lors d'une visite à leurs amis et compagnons réfugiés du rideau de bambou. De gauche à droite : *(debouts), le Père Eleuthère Winance (3e), le Père Werner Papeians (4e), le Père Prieur Raphaël Vinciarelli (8e) et le Père Sous-prieur Hildebrand Marga (9e), le Père Paulinus Li,* O.C.S.O. (30/05/1906 – 31/07/80) *(6e), premier prieur, le Père Benedict Chao, deuxième prieur et le Père Maur Pei, prieur actuel, avec les Trappistes du monastère cistercien de Notre-Dame de la Joie, à l'origine situé à Zhengding, province du Hebei, puis transféré à Xindu, tout près de Chengu, et depuis, établis sur l'Île de Lantau, à Hongkong.*

Au mois d'août 1960, pendant quatre semaines, les communistes attachèrent les bras de Frère Pierre avec les anneaux en bronze de ses menottes étroitement serrées. Sa main droite est restée handicapée à vie.

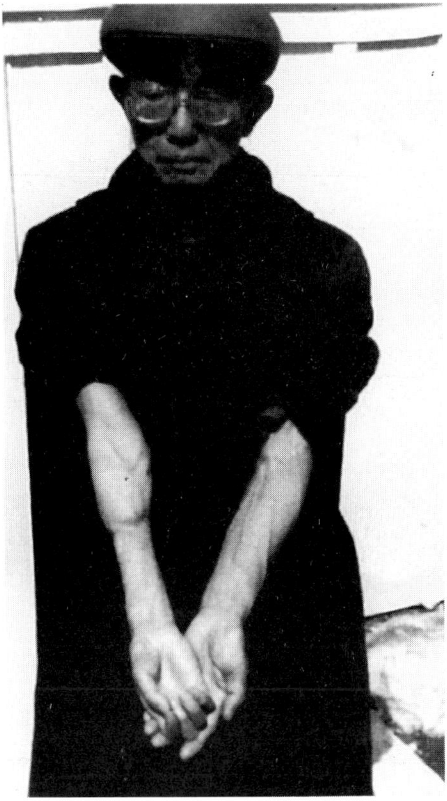

De g. à dr : les pères Albéric, Hildebrand, Kowacheck, SVD, Eleuthère, le révérend père Prieur Raphaël et le père Werner devant la porte du nouveau bâtiment. Prieuré de Chengdu, Chengdu, province du Sichuan, Chine, vers la fin de l'automne 1949.

Frère Pierre avec le révérend père Prieur Raphaël et sept étudiants-oblat
Prieuré de Chengdu. Chengdu, province du Sichuan, Chine, septembre 194

Nouveau bâtiment du Prieuré de Chengd
dont la construction fut achevé au cours de l'été 194
Chengdu, province du Sichuan, Chin

)e g. à dr : Le père Gaétan .oriers, le révérend père Prieur ›hn Borgerding, Frère Pierre, : responsable officiel Michel). Antonovitch et Frère Domi- ıique Guillen au Parc naturel 'e Devill's Punchbowl, 'eachblossom, Californie, 6 avril 1988.

Frère Pierre et le père Bernard Hwang Kuo-wei, qui s'occupa de mettre Frère Pierre, après sa sortie de prison, en contact avec sa famille bénédictine. Valyermo, 17 août 1990.

Le 30 octobre 1986, deux ans après son arriv[ée] aux États-Unis, Frère Pierre se rend au Vatican où il assiste à la messe célébrée par le Pape Jean Paul II.

Lors de sa visite au Vatic[an] Frère Pierre remet au Pa[pe] un exemplaire de son manuscrit, L'Aube se lèv[e] à l'Est, *ainsi que quatre poèmes composés pour le Pape, lors de son emprisonnement par les communistes.*

Le Père Gaétan Loriers (décédé des suites d'une maladie, le 27 août 1996) et Frère Pierre en compagnie de la Mère prieure, Marie-Claire Willocx, O.S.B. (assise), lors de leur visite au monastère des Bénédictines, à Rixensart, en Belgique, le 17 novembre 1986.

Le 29 novembre 1986, Marie Alghisi accompagne ses parents, Primo et Geneviève, son grand-père, Léopold Davreux, le père Gaétan Loriers et Frère Pierre pour rendre visite au père Adolf Mignot et visiter la fameuse chapelle Sainte-Anne dont le père est responsable et qui fut construite au XIe siècle au Val Duchesse de Auderghem, à Bruxelles, en Belgique. Sur ce cliché, pris par son père, Marie est en train d'écouter le révérend Père, âgé de quatre-vingt-quatre ans, s'entretenir chez lui avec Frère Pierre juste avant la visite de la chapelle.

Frère Pierre avec ses amis, Jean de Bettignies, et son père, Jerry, devant la chapelle de l'abbaye de Saint-André, juin 1989.

Le père François Dufay. Il a aidé les prêtres, séminaristes, religieuses et laïcs de Chengdu (Sichuan), qui ont subi la persécution religieuse en 1952. Photo prise pendant son service pastoral à Singapour. Octobre 1996.

'rère Pierre et le cardinal Roger Mahony, frère Francis Abbot, bénédictin (à gauche) : frère Tim Mayworm (à droite), président du Conseil archidiocésain de Los Angeles.)ctobre 1996.

:vec l'aide de James Mao Yongchang, frère Vincent Martin visite la famille de Philip Zhou 'himin, frère de Frère Pierre. Taïwan, 28 mai 1997. A gauche, Wang Shuzha, belle-sœur 'e Frère Pierre. Au fond, Zhou Zhonglan, sa nièce.

Frère Pier
(second, à droit
avec des amis catholiques ch
nois de Californie. Abba
Saint-And:
Juillet 199

Sœur Marianna, carmélite,
de la Corée du Sud,
une amie de Frère Pierre,
près de la statue
de sainte Thérèse
de l'Enfant-Jésus.
Monastère de l'État d'Indiar

Le Père Louis Suchet Amiotte a soutenu les diocèses de Shangai et Chengdu pendant la persécution religieuse. Il a été expulsé par les communistes chinois en mai 1955. Depuis 1956, il a été pasteur dans les différentes paroisses de Singapour.

Le cardinal Kung Pinmei, évêque de Shangai et administrateur apostolique de Soochow et Nanking. Mgr Kung Pinmei sur cette photo prise à Stamford, a 96 ans.

Une partie des moines
de gauche à droite :
père Philipp, frère Benedict,
père Prieur Luc, père Wermer,
père Joseph, frères Joseph et Pierre.
Décembre 1997.
Photo prise sous la cloche
de la chapelle
de l'abbaye Saint-André.

Frère Pierre
avec deux des employées
de l'abbaye de Guesthouse :
Margie Holman et Casey Cook.
Décembre 1997.

De gauche à droite : *Christina Kim, Sœur Pachomia Kim, Père Abbé Francis Benedict, Frère Pierre, Sœur Daniela Kim, Jim Cooksey et Helen K. Rhoden, devant la boutique de l'abbaye. Janvier 1998.*

Frère Pierre visite le collège El Camino, Torrance. Février 1998. Richard J. Chacon, professeur et anthropologue et le Docteur Gloria Miranda, doyenne de l'Institut des sciences sociales.

Frère Pierre avec son camarade Teddy Ling Desung, emprisonné comme lui pendant la persécution religieuse, de janvier 1952 à novembre 195
Avril 1998.

De gauche à droite
Dennis Brenna
le père de Frère Jame
Père Vincent Martin, Frère Pierr
Nancy Chen et son fils Richar
sa mère et son mari Paul Che
Abbaye Valyerm
Mai 199

Frédérique Barloy, traductrice de l'ouvrage, avec sa famille. août 1998.

· Père Eleutherius Winance (4e à gauche) ;
ère Pierre, Père Joseph Yang (5e à gauche)
:oivent des Chinois et des Coréens.
ɔvembre 1998 – Valyermo.

Frère Pierre avec ses amis philippins avec lesquels il fête Noël chaque année.
Jaime, (à droite) et Audrey Abrera (2e à gauche), leurs enfants, Jainee, Janine et Joseph

25 décembre 1998, avec Jaime et Audrey Abrera, Frère Pierre visite leurs camarades campagnards, la famille Hizon dans le Sun Valley :
Joey, Nora, leur fils Joseph, et leur fille Jennifer.

CHAPITRE IV

Lutte à la prison provinciale n° 1 de Nanchong

Juin 1960

L'après-midi du 12 juin 1960, les menottes aux poignets et escorté par un cadre et deux gardiens, je quittai le *laogai* de la périphérie nord de Chengdu, accompagné de trois autres prisonniers, et nous commençâmes alors un périple vers une destination inconnue. Ayant manqué le dernier train en partance pour Chongqing, on nous conduisit dans un centre de détention proche de la gare pour y passer la nuit. Le lendemain matin, nous prîmes le premier train de la journée qui nous mena dans le district de Jianyang vers midi où nous restâmes pour la nuit dans la salle d'attente de la gare routière. Pour dormir, le cadre et les gardiens nous donnèrent l'ordre de nous allonger à même le sol, ils nous attachèrent avec des cordes aux longs et durs bancs en bois de la salle d'attente; ensuite, la porte fut verrouillée tandis que trois gardiens montaient la garde à tour de rôle à l'extérieur, armés d'un fusil.

La nuit sans sommeil prit fin avec le lever du jour dans le ciel oriental, les gardiens défirent nos liens pour les remplacer par des menottes et c'est ainsi que les quatre détenus que nous formions remontèrent dans le car pour continuer leur route en direction de Nanchong. Bien qu'il nous était formellement interdit de parler avec les autres voyageurs, d'un coup d'œil les passagers comprenaient d'eux-mêmes notre situation et nous évitaient machinalement. Aucun de nous ne s'aventurait à faire un faux mouvement ou à dire un mot de travers, ne voulant pas nous attirer les foudres et brutalités des gardiens.

Le pénible ballottement, la fumée noire étouffante et la chaleur suffocante commencèrent à me donner le vertige et l'envie de vomir. Non seulement je perdis tout appétit pour le déjeuner, mais je dus rester dans une position pénible, engoncé dans mon siège. La nuit était déjà bien avancée quand notre car arriva au chef-lieu de Pengxi. Comme la plupart des autres voyageurs, nous passâmes le reste de la nuit à l'intérieur du car tandis que les deux gardiens continuaient de se relayer le fusil à la main, ne relâchant pas leur vigilance. A l'aube, avec la brise matinale, le car reprit la route pour effectuer son dernier parcours de quarante cinq kilomètres, et ce fut sous un soleil tapant que nous arrivâmes enfin à Nanchong où nous nous arrêtâmes dans le quartier de la gare le temps de déjeuner. Nous avons parcouru ensuite la ville, nos bagages sur le dos, en direction de la rivière Jialing, que nous traversâmes en bateau. Peu après, nous atteignîmes le terme de notre voyage qui nous était désormais connu : la prison n°1 de la province du Sichuan. C'était le 15 juin 1960.

Située en dehors de la ville de Nanchong, dans la bourgade de Hedong, cette prison était l'une des quatre plus importantes prisons de la province. Son code secret était le numéro 2085, mais elle était connue officiellement sous l'enseigne *Usine de chaussure en cuir. Vie nouvelle*. Elle comprenait une tannerie, une usine de fabrication de chaussures en cuir destinées à l'exportation, une usine de machines et une ferme. L'usine de chaussures en cuir fabriquait divers modèles de haute gamme destinés principalement au marché soviétique. Elles étaient conçues par des techniciens spécialisés qui devaient tenir les délais et assurer la conformité aux normes fixées pour la qualité et la quantité. Quand quelque chose n'allait pas, les détenus en portaient toute la responsabilité et pouvaient être accusés de sabotage de la production de l'État et du plan à l'exportation, ce qui débouchait en général sur des sanctions impitoyables. Répartie en huit ou neuf compagnies, la prison abritait plus de deux mille prisonniers, pour la plupart des condamnés à mort en sursis ou bien des condamnés à perpétuité, le petit groupe restant étant formé de prisonniers condamnés à des peines à long ou à court terme considérés pour la plupart comme des irréductibles donnant du fil à retordre.

En débarquant sur ce nouveau champ de bataille, je pris la ferme résolution de ne m'écarter en rien de la voie suivie jusque-là, et surtout de ne pas me laisser troubler par tous ces changements apparents. Vu mon attitude des premiers jours par rapport aux « études » et surtout parce que j'avais ajouté sur le formulaire d'immatriculation la mention : *Arrêté sans motif* et *emprisonné pour l'Église*, les cadres responsables me gardèrent dans leur collimateur et surent d'emblée à quoi s'en tenir. Ils m'affectèrent à un poste qui n'exigeait aucune qualification dans l'usine de fabrication de chaussures en cuir, m'enlevant tout espoir de promotion ou d'acquisition de nouvelles connaissances susceptibles de m'apprendre un nouveau métier. Je n'avais à ce moment-là que trente-trois ans et déjà une certaine formation, qui ne demandait qu'à être développée et complétée. Cette possibilité me fut donc refusée, du moins à ce moment-là.

*

Cinquante-cinq jours plus tard, le 10 août, jour de la fête de saint Laurent, diacre et martyr, vers quatre heures de l'après-midi, par une chaleur torride, alors que je travaillais dans l'atelier de l'usine vêtu d'un simple short et d'un tablier noué à la ceinture, on me demanda de me rendre de l'atelier jusqu'à la petite table en pierre située devant l'entrée ouest du grand bâtiment administratif de la prison. Là-bas, je fus interrogé par le chef de la section disciplinaire et éducative, monsieur Liu. En répondant à ses questions, j'affirmai une fois de plus l'honnêteté et la légalité de la Légion de Marie ; par ailleurs, je refusai d'écrire tout ce qu'il me demandait sur sœur Lucie Shu Dejun qui avait si courageusement combattu pour le Seigneur à Chengdu durant les années cinquante. Bien que poursuivie par de graves accusations et constamment harcelée par les communistes, elle ne fut jamais emprisonnée et travailla à l'hôpital jusqu'à son départ du territoire pour Hongkong en septembre 1987.

Quand le chef de la section réalisa que ses paroles acerbes et son attitude menaçante ne produisaient aucun effet, il me donna l'ordre de regagner ma compagnie. Mais au moment de quitter sa table en pierre, tandis que je m'approchai de l'entrée principale du bâtiment administratif, il m'ordonna de stopper et d'attendre. Il entra dans le grand édifice administratif pour en ressortir au bout d'un instant des menottes dissimulées dans la poche de son pantalon. Après avoir appelé deux hommes de son service pour l'épauler et lui soutenir le moral, par trois fois il me demanda d'un ton rapide : « *Reconnaissez-vous que vous avez commis un crime ?* »

Trois fois je répondis fermement : « *Je n'ai commis aucun crime ! Je n'ai fait que défendre la foi de l'Église catholique !* »

En entendant ma dernière réponse bien nette, il fit aussitôt signe à ses deux auxiliaires qui me saisirent brutalement par les poignets, pour les tendre dans mon dos tandis que monsieur Liu me passait les menottes métalliques à une hauteur de quinze centimètres au-dessus des poignets ; les revers de mes deux mains et poignets avaient été joints ensembles en les forçant et monsieur Liu serrait sans pitié les anneaux en tirant au maximum sur ma main droite.

Tandis que les anneaux en bronze comprimaient péniblement mon avant-bras droit, j'entendis monsieur Liu me dire d'un ton sarcastique : « *Vous auriez dû subir ce traitement plus tôt, quand vous êtes arrivé, dès l'instant même où vous avez écrit sur votre formulaire d'immatriculation : "Arrêté pour rien" ! Sachant que vous veniez d'être transféré, je n'ai pas donné l'ordre de vous punir, je pensais attendre patiemment votre changement d'attitude. Mais hum ! j'étais loin d'imaginer que vous persisteriez dans votre aveuglement et obstination et que vous refuseriez de revenir à la raison ! Ces menottes vous aideront à réfléchir et éventuellement à passer aux aveux ! Maintenant, retournez dans votre compagnie !* »

Immédiatement, il envoya chercher deux détenus, entièrement soumis à ses ordres qui ne cherchaient qu'à prouver leur bonne volonté à se réformer. Il leur demanda de garder l'œil sur moi à tout instant. C'était un avant-goût de la vie de torture que j'allais vivre cinq années durant. Il y avait là tous les ingrédients nécessaires pour édifier une foi indestructible !

En m'appuyant sur la grâce et la puissance de l'Esprit Saint, je ne laissais échapper aucun gémissement, pas un soupir ; pas un cri ne sortit de ma bouche et je ne versais aucune larme, je ne me répandais pas en reproches inlassables contre l'injustice ; j'essayais encore moins de réclamer le moindre pardon ou de faire appel à leur clémence en vue de ma reddition ; au contraire, ce fut dans une grande paix que je parvins à passer le cap de mon premier après-midi et de ma première nuit sans repos de cette période la plus douloureuse et pénible de ma vie en prison.

Avec mes bras attachés si serrés dans le dos, et en particulier mon avant-bras droit dont la circulation était coupée par l'anneau en bronze des menottes, mon corps dut lutter pour combattre non seulement la douleur de plus en plus intense mais aussi pour lutter contre la chaleur intenable de cet après-midi du mois d'août. Je ne mangeais plus rien et j'étais principalement occupé à essayer de trouver un moyen de me reposer sur l'unique et gigantesque lit commun de mon groupe.

Dans cette prison il y avait environ deux cents prisonniers logés dans un bâtiment rectangulaire, aussi long que le daozi de la prison de la rue Ningxia à Chengdu, sauf qu'il était un peu plus grand. Au lieu d'être divisé en cellules de plus de dix prisonniers, le bâtiment rectangulaire servait de dortoir commun pour tous les groupes. De chaque côté du couloir étroit, il y avait huit plates-formes carrées en bois surélevées à environ quatre-vingts centimètres au-dessus du sol qui servaient chacune de lit commun aux différents groupes. Il n'existait aucune séparation entre les lits des différents groupes. Nous dormions côte à côte entassés comme des sardines dans leur boîtes alignées tout le long du couloir.

Quand l'heure du coucher arriva par cette chaude soirée d'août, à cause de la position pénible de mes bras et de la douleur intense, je fus obligé de m'asseoir sur un petit banc le haut de mon bras droit appuyé contre le rebord du lit et mon dos raide contre l'un des piliers de l'allée centrale du bâtiment. Au bout d'une heure à peu près, le gardien qui effectuait sa patrouille de nuit cria brusquement : « *Debout! retourne sur le lit!* » Le chef prisonnier de mon groupe se dressa aussitôt de sa place et me força à remonter sur le lit et à m'allonger. Finalement, après une ou deux heures terriblement éprouvantes, je tombai dans un demi-sommeil, épuisé de fatigue et de douleur. Au bruit de la sonnerie matinale, une fois complètement éveillé, je constatais que ma main droite était engourdie, ce qui avait pour effet de diminuer l'intensité de la douleur et la rendait du coup supportable.

A huit heures trente le matin suivant, je fus de nouveau convoqué dans le bâtiment administratif de la prison. Un nouveau cadre m'interrogea, et tout en refusant de répondre à ses questions je lui fis remarquer néanmoins que ma position avait déjà été clairement entendue la veille et que je n'avais rien de plus à ajouter.

Devant mon attitude ferme et inattendue, les autorités de la prison décidèrent de constituer immédiatement un petit groupe spécial d'environ dix prisonniers, qui se mirent alors à me critiquer et à m'accuser la journée durant et toute la nuit. Je dus leur répéter souvent qu'il n'était pas question que je fasse un examen critique de *mes erreurs* ou que j'avoue *mes crimes*.

Invectives et insultes devinrent mon pain quotidien, ma vie de peine et de souffrance prit soudain les allures d'un véritable cauchemar. Me voyant tenir tête et faire preuve de ténacité, ils m'imposèrent de rester debout à chaque réunion quotidienne. Mes jambes commençaient à s'en ressentir et mon corps s'affaiblissait, les jours semblaient durer des années ; quand la nuit tombait, je n'arrivais pas à m'endormir avec ces instruments de torture sur le corps et la douleur de mes blessures. Il m'arrivait de ne pas fermer l'œil de la nuit, mon corps s'épuisait, ma santé se détériorait jour après jour. Heureusement, Dieu me prodiguait sa grâce à profusion et j'étais rempli de consolations divines. La joie de Dieu m'accompagnait en permanence, aussi, ma force spirituelle ne me fit-elle jamais défaut et ainsi mon courage ne devait-il pas chanceler. Brûlant mes dernières cartouches, j'étais résolu à lutter de plus belle, quitte à être considéré comme une bête traquée qui se bat en vain. J'étais rempli d'ardeur et de confiance, capable de vaincre en définitive tous les sévices que les communistes m'infligeaient.

Cinq jours interminables s'écoulèrent jusque dans l'après-midi du 15 août, jour de la fête de l'Assomption de Notre-Dame. Au cours d'une « réunion de critiques et de lutte », le chef du groupe des dix prisonniers désignés pour briser ma volonté, monsieur Chen Chaodian, resserra jusqu'au cinquième et dernier cran l'anneau en bronze des menottes de mon bras droit déjà enflé. Sur son lit tout proche, était assis un détenu boiteux qui me pointa du doigt et clama devant tout le monde : « *Maintenant, voyons si Jésus-Christ, celui auquel tu crois, va venir te sauver. Si tu tiens le coup jusqu'à demain à la même heure, et que tu restes tenace dans tes objectifs, je te respecterai et te regarderai comme un héros, et je croirai même en Jésus-Christ comme toi !* »

La journée et la nuit passèrent tranquillement, le bras droit encore plus serré dans mon dos. En soldat du Christ, je restais plus paisible que jamais poursuivant ma prière silencieuse. Le jour suivant, tandis que je me tenais devant mes accusateurs, toujours « fidèle à mes objectifs » et ayant supporté la douleur, le détenu boiteux resta allongé silencieux sur le lit paraissant oublier délibérément sa promesse, ou peut-être était-ce involontaire. Ne pouvant pas porter mes lunettes, je ne parvins pas à voir avec précision l'expression sur son visage et il me fut impossible de sonder le fond de son âme. De toute façon, l'amère réalité d'être en prison, sous le contrôle strict et la menace constante du gouvernement athée marxiste-léniniste, m'interdisait de porter un quelconque jugement sur son comportement... Même si Jésus-Christ avait accompli le miracle éclatant de défaire mes menottes et de guérir ma main flétrie, quel prisonnier, aussi bienveillant fut-il, aurait pu avoir l'audace de se lever pour prendre ma défense au nom de la justice ou de professer publiquement sa foi en Jésus-Christ ? Et même, le cas échéant, les cadres communistes *« n'auraient pas lâché pour autant*, comme dit le proverbe chinois, *leur couteau de boucher pour se faire brusquement Bouddhas ! »*

Au contraire, ils m'auraient plutôt ajouté d'autres menottes et auraient redoublé de mesures drastiques pour accroître leur pression et atteindre leur but. Cet incident suscita néanmoins quelques remous dans mon esprit et me plongea un peu plus profondément dans l'étreinte amoureuse de notre père du Ciel en m'offrant de nouvelles certitudes : seuls son soutien et son approbation étaient sincères et dignes de confiance, sources de puissance ; que ce soit la sympathie ou la haine, l'éloge ou la calomnie de ce monde, tout était éphémère et sans importance, comme une fumée fugitive ou un nuage passager. Maintenant que notre père céleste était à mes côtés, quelle bataille, même la plus acharnée, pouvais-je ne pas gagner ? Quelle croix, même la plus lourde, pouvais-je ne pas porter ?

La chaleur de cette saison à Nanchong était étouffante et pénible, elle me devint vite insupportable. Mon avant-bras droit ainsi que ma main, qui avaient été tendus au maximum, commencèrent en quelques jours à pourrir et à se couvrir d'asticots. Pourtant, en soldat du Royaume de Dieu, je restais impassible, la tête froide et le torse en avant, capable de soutenir les autres d'un regard inébranlable. Compte tenu de la gravité de la situation, les cadres communistes furent bien obligés de faire quelque chose et dans un geste d'humanité, ils décidèrent de remplacer mes menottes à poignets par des menottes à bras.

Mon bras droit infecté suppurait de sa plaie un pus nauséabond. Les deux anneaux des nouvelles menottes commencèrent à creuser un grand trou et un petit trou dans chaque bras. La difficulté que je rencontrais pour manger et pour dormir vint épuiser ce qui restait de ma résistance physique. Mon état de santé générale ne cessa d'empirer.

Tandis que le même groupe de dix prisonniers continuait à s'acharner contre mon « attitude obstinée », de leur côté, les cadres communistes de la prison tentèrent de frapper un grand coup. Invectives, insultes et vociférations résonnaient en permanence à mes oreilles, le jour comme la nuit, lors des « meetings de lutte » comme en dehors. Tout ce brouhaha, pourtant, finit par se transformer et devint à mes oreilles comme une belle symphonie de louange au Seigneur, comme une douce marche triomphante sur le chemin du Paradis : une musique unique au monde, dont la mélodie était d'une telle harmonie que, selon l'expression chinoise, « les nuages aussi en restaient immobiles à leur passage ».

Après deux tentatives pour briser par la torture la volonté du prisonnier que j'étais, les redoutables cadres communistes se trouvaient manifestement en face de leur premier échec. D'un côté, ils furent obligés de me faire comprendre qu'ils n'en resteraient pas là, de l'autre, ils devaient cacher aux autres prisonniers qu'ils avaient été trop loin dans leur cruauté. Ainsi, après quatre semaines punitives, ils manifestèrent un peu de générosité en m'ôtant les menottes des bras pour les remplacer par des chaînes aux pieds. Ils me donnèrent même l'ordre d'aller à l'infirmerie tous les jours et me faire soigner les infections purulentes de mes bras gonflés.

Un mois de torture et de harcèlement continuels par les dix détenus eurent pour effet de sérieusement endommager mon corps déjà bien affaibli. Non seulement mes bras mais tout mon corps fatigué tomba malade. Les conditions misérables de la vie carcérale venaient à bout même des prisonniers les plus résistants et robustes, combien plus la misère plongeait-elle dans l'angoisse celui dont le corps était assailli par l'infection et privé du minimum sanitaire.

Je me souviens d'un incident qui arriva un matin de la première moitié de septembre, où je sentis un ascaride remonter le long de ma gorge. Obligé de réagir, je l'extirpai de ma bouche et le jetai à terre ! Plusieurs fois en allant changer mes bandages, le docteur voyant la faiblesse de mon état général, m'injecta des stimulants cardiaques avant de changer mes bandages. Pour moi comme pour les autres, tout ce qui m'arrivait n'était pas de bon augure. J'approchai de la fin comme « le soleil à son couchant derrière les montagnes de l'ouest ». Chaque fois que je me réveillais le matin, je ne savais pas si je verrais jamais le soir !

Il me reste en mémoire une anecdote encore toute fraîche qui montre clairement combien ma dernière heure semblait proche à ce moment particulièrement critique : un après-midi, je me rendis au magasin de la prison me procurer quelques petits articles, j'appris alors, à ma grande surprise, que mon compte venait d'être résilié par le gérant sous prétexte qu'il avait cru que « mon âme avait déjà rejoint le paradis de l'Ouest ». Dans son esprit, j'étais déjà mort ! Heureusement, et à la surprise de tous, le Seigneur dans sa bonté ne l'entendait pas ainsi. Il me réservait plutôt le sentier du prophète Daniel : la victoire sur les lions, le triomphe sur la mort, la vie sauve afin que je puisse survivre jusqu'à ce jour. Sans aucun doute, les desseins de Dieu se révèlent en leurs temps.

Au bout d'un mois et demi de soins médicaux, l'infection nauséabonde sortant de la plaie infectée de mon bras droit cessa enfin. Les quatre blessures des menottes sur chaque avant-bras et celles sur le haut des bras se cicatrisèrent lentement, mais ma main droite, par contre, resta paralysée. Voyant s'évanouir leur espoir de me briser par la torture et par les « séances de lutte », les autorités de la prison décidèrent de dissoudre le petit groupe spécial et mirent un terme au harcèlement des réunions qui duraient tous les jours du matin au soir depuis près de trente jours.

On me laissa quand même les chaînes aux pieds qui me suivaient comme mon ombre. Les cadres se figuraient probablement que j'allais finir par trahir ma foi, ou bien que « *je porterai*, comme dit leur maître Mao Zedong, *un crâne de pierre pour rencontrer mon Dieu.* » Ainsi donc la violente offensive lancée contre moi pendant un mois se solda par un échec et dut être abandonnée à contrecœur. Avec l'arrêt des réunions ma situation pénible et défavorable connut une certaine amélioration, et cette première victoire conforta un peu plus ma foi en une victoire finale.

Les deux mois suivants, je restais au sein de l'unité de production des deux cents prisonniers qui fabriquaient les chaussures en cuir. Fin décembre 1960, les fers toujours aux pieds, je fus transféré dans une unité qui rassemblait tous les vieux prisonniers, les infirmes, les malades et les mutilés nécessitant des soins et du repos. J'y restais pendant plus de deux ans. L'atmosphère y était plutôt calme, mon indépendance me causa peu d'ennuis ou de tracasseries et, en conséquence, les conflits sérieux se firent plutôt rares ; de plus, je jouissais d'une certaine liberté pour aller et venir. Seul, le bruit de mes fers suscitait l'irritation et l'agacement des autres prisonniers, ce qui me valut de subir de nouveau des reproches fréquents contre ma résistance face aux autorités de la prison.

Les conditions de vie, bien sûr, n'étaient ni meilleures ni différentes de celles des prisonniers ordinaires ; la compagnie des convalescents était constituée de seize petits groupes avec chacun dix à douze hommes entassés dans un bâtiment. Chaque groupe avait un grand lit commun en bois. La nourriture y était pire que dans toutes les autres unités de production, qu'il s'agisse de sa qualité ou de sa quantité. On servait toujours de la bouillie de riz mélangée à des légumes. Une fois par mois seulement, j'avais droit à un petit bol de riz cuisiné avec quelques petits morceaux de porc, un plat de légumes frits et un bol de soupe. Nous lavions nos visages avec un peu d'eau chaude le matin, douche et bain ne faisaient pas partie des habitudes de la vie carcérale ; nous étions censés obtenir une seule cuvette d'eau chaude pour un bain une fois par mois. J'étais constamment infesté par la vermine de mes voisins qui partageaient le même grand lit que moi et je n'avais aucun moyen de me protéger.

*

Tard, un après-midi de mai 1963, Monsieur Zhu, le cadre responsable de notre compagnie, fit irruption dans notre bâtiment à l'improviste, il était accompagné d'un autre cadre que je ne connaissais pas. Ils me firent appeler et exigèrent que je suive l'exemple d'un compagnon, le père Lawrence Li Wenjing. Ils voulaient que je renonce à ma position obstinée et voulaient me faire prendre le même chemin que le père Li qui avait fini par se ranger du côté du parti communiste et du peuple chinois. Ils espéraient par là me persuader, et me faisaient miroiter en même temps un avenir doré. Voyant mon refus de satisfaire leur attente et mon attitude sans équivoque de non soumission, ils donnèrent aussitôt l'ordre de me placer en régime cellulaire, ces nouvelles conditions étant censées m'obliger à approfondir ma réflexion et à m'aider à faire un auto-examen minutieux.

Cette évolution aussi soudaine qu'inattendue n'avait rien d'anodin, elle correspondait forcément à quelque chose. Comme dit le dicton chinois, il n'y a pas de vagues sans vent. Malgré ces deux années et demi passées avec l'épreuve des fers aux pieds, les cadres ne parvenaient toujours pas à me faire avouer mes crimes, ni même à me faire mettre par écrit aucune autocritique lors des périodes d'examens. Ils commençaient à s'impatienter et auraient bien voulu en finir. En me mettant au cachot, il optaient pour la mesure la plus percutante et la plus draconienne, pensant que ça pouvait me forcer à baisser les bras et au bout du compte à me rendre.

Je fus emmené précipitamment dans un endroit près du mur de la prison à une certaine distance de ma compagnie et à l'écart de tous les autres bâtiments de prisonniers. Il n'y avait aucun bruit à part le cliquetis métallique de mes fers qui traînaient. Les deux prisonniers qui m'escortaient accélérèrent ma marche pénible en me poussant, ne me ménageant aucune douceur, ils avaient soin d'éviter mon regard résolu et de ne prononcer aucune parole de soutien ou de reproche. Le cachot lui-même était dans l'obscurité avec seulement un jet de lumière projeté d'une petite fenêtre près du plafond, en haut du mur du fond. Dans la porte se trouvait une petite lucarne par laquelle les repas étaient distribués. Seules les voix des deux prisonniers de garde se faisaient entendre.

En pénétrant dans ma cellule, j'eus le pressentiment de détenir entre mes mains la coupe du sacrifice. L'envie me prit de faire un dernier acte de foi avant d'offrir ma vie au Seigneur et d'écrire une Profession de foi qui eut été un témoignage de ma fidélité et en même temps qui eut manifesté aux communistes la grandeur de mon idéal. Malheureusement, le cadre Zhu, en effectuant une dernière inspection, me surprit en train d'écrire ; aussitôt, il ouvrit la porte verrouillée de ma cellule et ordonna au prisonnier de garde de se précipiter à l'intérieur et de m'arracher le crayon et le papier ainsi que le petit banc sur lequel j'étais en train d'écrire. Ce n'est que six mois plus tard, à la fin de l'année, que mon désir d'écrire un dernier acte de foi put être exaucé.

Au moment de l'examen général annuel, les autorités de la prison distribuèrent aux prisonniers de quoi écrire. J'obtins à cette occasion le papier dont j'avais besoin pour arriver à mes fins. Le jour de la fête de l'Epiphanie, le 6 janvier 1964, je remis au cadre Zhu une « déclaration en neuf points » en guise d'ultime Profession de foi. C'était un texte de dix pages de dix mille caractères dont je ne me souviens pas de tous les détails, mais dont j'ai retenu les grandes lignes :

« 1. Je maintiens que mes paroles et actions passées pour défendre l'Église sont fondées.

2. Je réaffirme la nature légale de la Légion de Marie. J'accuse ce qu'on appelle *la réforme des trois autonomies, les mouvements d'opposition à l'Impérialisme* et *d'amour de la patrie* d'être perfides, de semer la division et de servir à détruire l'Église.

3. Je réaffirme que le contenu de mon discours fait au cours du rassemblement public de la rue Yangshi à Chengdu était parfaitement justifié et nécessaire.

4. Je déclare que ma lettre adressée au clergé et aux laïcs de l'Église en Chine était une bonne chose et vraie.
5. Mon manuscrit, *Du Paradis au Purgatoire*, est conforme à la doctrine de l'Église et à la réalité objective.
6. Je soutiens que mon *Mémorandum* écrit en prison était fondé sur des faits concrets.
7. Je déclare de nouveau que mes « témoignages, confessions et discours lors des séances d'étude » faits à tort durant les premiers temps de mon emprisonnement ont été faits par ignorance et sous la contrainte, qu'ils sont inexacts et donc pas valables.
8. Je déclare que j'adhère et soutiens pour toujours la philosophie scolastique réaliste de Saint Thomas d'Aquin. Je rejette les conceptions athées provenant de la « Philosophie Idéaliste » et encore plus, de la « philosophie Matérialiste ».
9. Je réfute les deux assertions de Mao Zedong, à savoir : « *Tous les entêtés peuvent rester obstinés un certain temps, mais pas éternellement* » et « *l'obstiné ne peut rencontrer Dieu qu'avec un crâne de granit.* »

Enfin je déclare solennellement aux disciples de Mao que je suis prêt à offrir ma vie pour Dieu et pour la vérité n'importe quand, et que je souhaite ardemment les revoir un jour au Paradis, une fois qu'ils auront renoncé aux ténèbres de leur athéisme et accepté de recevoir la lumière du Christ. »

*

Complètement livré à moi-même chaque jour, dans ce cadre paisible et reclus, je bénéficiais de conditions idéales pour la prière et la méditation. Ainsi ce cachot, qui était une prison dans la prison, devint en quelque sorte ma cellule monastique où je pus jouir à la fois d'un temps de paix et de bonheur. Ne me souciant pas de la vie ou de la mort, de l'heureux sort ou du mauvais, j'abandonnais ma destinée entre les mains de mon père du Ciel. Après ma déclaration en neuf points, je gardais toujours à cœur le désir d'exprimer tous les sentiments qui m'assaillaient. En conséquence, en dehors de la prière, je consacrais mon temps à concevoir et à créer avec entrain un long texte écrit sous une forme poétique que j'intitulais, *Hymne à la vie*. Mon intention était d'écrire des vers pour louer Dieu, magnifier notre sainte Mère Marie, honorer les anges et les saints et rendre hommage aux âmes des défunts et des vivants. En réalité, bien que j'utilise le mot *écrire*, je ne disposais en fait ni de crayon ni de papier. L'*Hymne à la vie* dans son intégralité, ses 9 parties, 93 paragraphes, 1416 strophes et 5664 lignes, fut gravé dans mon cerveau sans jamais avoir été transcrit sur papier même après ma remise en liberté bien des années plus tard. Pour m'en faciliter la mémorisation, je donnais un style rythmé à un vers sur deux. Il y avait aussi une préface et une introduction.

Pendant six années, je remaniais *l'Hymne* inlassablement, je récitais les vers en fonction d'un horaire précis. Chaque jour après la prière et la méditation, je récitais les vers composés la veille, puis je les reprenais tous depuis le début ; ensuite, j'en composais de nouveaux en faisant des rimes. A l'aide d'un petit caillou je gravais dans le mur les caractères aux mêmes sonorités pour pouvoir les choisir le moment voulu. Je passais tout mon temps, hormis celui réservé à la prière quotidienne, à ruminer et chanter cet *Hymne à la vie* qui résidait au fond de mon cœur. Ainsi, *l'Hymne* prit forme peu à peu et se développa. Il atteignit sa maturité pour devenir la fleur de ma vie en janvier 1965, un an plus tard. Je regrette de ne pas avoir pu retrouver l'intégralité de cet hymne, mais j'ai conservé dans ma mémoire néanmoins l'empreinte des idées principales de chacun des paragraphes de chaque partie, et si pour l'instant ce ne sont que des bribes, j'espère pouvoir lui restituer un jour toute son intégralité et l'offrir à tous.

LE CACHOT – LA CELLULE

Le Seigneur, saint et bienveillant
a créé le monde et sauvé l'humanité;
ses bienfaits sont durables et profonds,
son adorable prévenance illimitée.

Comment rendre grâce au Seigneur?
Me laisser jeter en prison,
couvert de honte.
Rester fidèle dans la désolation,
et lui offrir mon amour de toutes mes forces.

Marcher dans les pas de Jésus,
le suivre tout près, résolument;
avec le soutien de Notre-Dame
trouver le courage de soulever ma croix.

Dans la solitude de ma cellule,
sans ciel ni soleil,
je deviens blême,
ma vigueur m'abandonne.

En été, je souris à la chaleur,
en hiver, j'embrasse le froid.
Les rats me tiennent compagnie,
et les moustiques susurrent alentour.

Le pot de chambre dans le coin,
rempli l'espace de son odeur;
ma couchette est si basse,
que l'humidité pénètre mes os.

Les chaînes à mes pieds,
brisent mes mouvements ;
et mes vêtements usés transpirent
la puanteur de mon corps.

Les légumes salés,
acides et nuisibles pour les dents,
reviennent souvent aux repas :
causant combien de maux.

Deux prisonniers montent la garde
vingt-quatre heures sur vingt-quatre ;
à me crier dessus, à me railler,
de moquerie en dérision.

Ces peines et ces douleurs
ne sont que physiques et extérieures ;
elles ne parviennent jamais à blesser
mon âme et ma vie intérieure.

Ils peuvent bien s'en prendre à ma vie,
ils ne peuvent rien contre mon intégrité ;
ils ne peuvent que multiplier la ferveur
de mon amour pour le Seigneur.

Mon âme s'envole vers ma cellule monastique,
mon corps reste prisonnier dans son cachot ;
et je récite des prières, compose des poèmes ;
je suis joyeux, je suis heureux.

Il est difficile de dire si cet hymne sera jamais entièrement restitué, ni dire à cent pour cent si c'est réalisable, mais ce qui est certain c'est que cette expérience personnelle m'a appris le sens profond de la phrase de Laozi (604-531 av. J.C.), philosophe de l'époque de la dynastie des

Zhou, « *Le Bonheur se trouve dans le malheur; et le malheur se cache dans le bonheur.* »

De nouvelles situations firent leur apparition et des transformations survinrent un peu partout. Près de cinq années de torture et deux années d'isolement ne purent étouffer ni mon grand idéal ni la ferveur de mon cœur. Même le film perfide, *Couper les griffes du démon,* qu'on m'obligea à regarder le soir du 6 mars 1965, dirigé contre l'Église catholique, ne put ébranler ma foi invincible et ma conviction de remporter un jour la victoire. Ce film fut diffusé au début des années cinquante alors que le parti communiste chinois avait déjà commencé à lancer ses vagues de persécution contre l'Église. Il était question d'un missionnaire étranger fictif de Shanghai, inventé de toute pièce par les communistes, qui était mêlé à des activités anticommunistes et qui avait fini par se faire arrêter. Cet homme incarnait l'ennemi des communistes et du peuple chinois. Parmi ses multiples crimes on lui reprochait notamment celui d'avoir caché des armes et d'avoir recueilli des informations pour le compte du gouvernement impérialiste américain.

Au gré de l'intrigue, le personnage était montré en train d'empêcher les catholiques de participer aux campagnes de masse ou de rejoindre le parti. On le voyait même en train de les dissuader de s'engager dans la guerre de soutien à la Corée contre l'*agression* américaine et de prendre part au mouvement de la réforme des trois autonomies. Pour compléter le tableau, il était accusé de répandre de fausses rumeurs et il finissait par se faire arrêter dans sa paroisse, puis par se faire punir sous le coup de la loi!

Juste une semaine après cette anecdote, un cadre de l'administration de la prison du nom de Ji vint me surprendre dans ma cellule au beau milieu de la matinée pour m'informer que mon séjour en régime cellulaire avait pris fin. Il me déclara : « *Nous savons que la réforme de la pensée prend du temps. Pour te laisser une véritable chance de l'accepter et te prouver notre patience, nous avons décidé de t'enlever les fers des pieds et de te faire sortir de ton cachot. Nous t'offrons le moyen de te réformer dans de meilleures conditions. N'importe comment, dès que tu seras sorti de ta cellule, tu devras observer strictement le règlement de la prison. Ne fais pas l'imbécile!* »

Je lui répondis sans faiblir : « *Ma position et mes idées sont bien connues et affichées depuis le début. Il est inutile que je me répète. Quant au règlement, j'entends garder la même attitude, à savoir, le respecter aussi longtemps qu'il ne s'oppose pas aux exigences de la foi de l'Église catholique.* »

Ainsi, quittant victorieusement ma réclusion solitaire, sans avoir fait la moindre concession, je regagnais d'un pas serein ma compagnie des prisonniers au repos et en convalescence. Cinq années de bataille acharnée se terminaient enfin, *les bannières étaient baissées, les tambours ne s'entendaient plus,* dit le proverbe chinois, voici que les autorités de la prison abandonnaient l'offensive et battaient retraite.

Une fois relâché, un cadre de notre compagnie du nom de He, me procura du papier toilette, du savon, une brosse à dent et du dentifrice, et me prodigua des soins particuliers. J'obtins d'être dispensé de tous les travaux. Mon état de santé était à peu près pareil, ni meilleur ni moins bon, que ce qu'il avait été cinq ans auparavant, mon bras et ma main droite étaient atrophiés et demeuraient paralysés jusqu'à se raidir au plus froid de l'hiver.

La veille de la fête internationale du travail, le premier mai de cette année-là, l'instructeur politique monsieur Tan et le cadre Wen me désignèrent à un poste dans l'unité de raccommodage des vieux habits. Je dus décliner cette offre avec délicatesse, objectant que ma main droite handicapée était incapable de fournir un tel travail. Au cours de l'été 1966, de la même manière, je dus refuser le poste de l'unité de redressage des clous, auquel le cadre Zhang voulut m'affecter. La tâche consistait à remettre droit des clous tordus à l'aide d'un tout petit marteau.

N'étant pas recruté pour les travaux forcés, je pus savourer des heures de tranquillité. Les discussions des réunions d'étude, les confessions, les auto-examens lors des rassemblements pour la révision du règlement de la prison, les autocritiques lors des inspections régulières, tout ça ne me concernait plus. Lors des réunions d'étude ordinaires ou bien au cours des grands et petits procès publics, alors que les cris et les hurlements atteignaient parfois des degrés assourdissants, et qu'à d'autres moments les bruits étaient stridents à faire dresser les cheveux sur la tête, j'essayais de garder mon calme, et je restais assis en silence, je priais dans mon for intérieur ou je revoyais et récitais de tête paisiblement mon *Hymne à la vie.*

Il se trouvait dans ma compagnie un prisonnier d'une certaine éducation, du nom de Zhao Hanye, il avait beau être aveugle ça ne l'empêchait pas d'avoir une très bonne mémoire, il avait le cœur droit. Nous devînmes bons amis. Il me prêta un jour de juin 1966 un exemplaire des *Poèmes du président Mao.* Considérant que lire publiquement les écrits de Mao était une chose honteuse, à quatre reprises je profitais des siestes après les repas pour lire le livre en catimini. Je le récitai plusieurs fois. En fin de compte, j'appris par cœur les 37 poèmes qu'il contenait. Je lisais attentivement et gravais dans ma mémoire également les poèmes classiques rencontrés à l'occasion dans les journaux et les revues. Je dégageais de ces poèmes ce qui me semblait être un critère de poésie et j'appris progressivement à en maîtriser les règles.

Maintenant que je pouvais jouir d'une certaine liberté et que j'avais des modèles à imiter, je me lançais dans la création de mon propre répertoire de poèmes. Ce projet mit tout mon esprit en ébullition et devint source d'inspiration et mon centre d'intérêt. Ainsi des poèmes vraiment sincères commencèrent à prendre forme, jaillissant de mon esprit un à un, comme des flèches tirées d'un arc. Après dix ans de lutte, j'éprouvais l'ardent désir d'exprimer bien des choses au Seigneur, j'avais besoin de livrer de nombreux sentiments. J'avais envie aussi de raconter tant de combats et d'exploits, les miens comme ceux des autres, les erreurs aussi, les fautes.

La poésie m'apparut alors comme le moyen tout indiqué pour dire tous ces sentiments et ces pensées. La poésie chinoise classique en particulier me parut comme étant un support littéraire beau et passionnant pour partager émotions et pensées. Ce mode d'expression permettait depuis des siècles d'exprimer des sentiments de tristesse et de joie, de décrire la séparation ou les retrouvailles ; d'exhaler émotions et complaintes ; de peindre des paysages dans le vent, fleuris ou enneigé ou encore un paysage lunaire ; d'esquisser la tendresse des sentiments entre un homme et une femme. Pourquoi ce mode d'expression devrait-il être utilisé uniquement pour ces choses-là ? Pourquoi ne pas l'utiliser aussi pour louer Dieu et le mettre au service du salut de l'homme ? Dans la mesure où la bonté même de la nature était une louange adressée jour et nuit au Créateur, pourquoi la poésie ne pourrait-elle pas avec ses vers servir à louer le Seigneur en partageant de la même manière cette grande mission ?

Tant que je vécus enfermé dans la prison communiste, je dus garder dans ma tête tout ce que je composais au fur et à mesure. Il n'y avait aucun moyen de les mettre par écrit. Dans un tel contexte, la poésie qui se prête si facilement à la mémorisation, en raison de son style et sa forme, devint tout naturellement un terrain de prédilection, même si je regrette de n'avoir été qu'un amateur. Je ne maniais pas la poésie, comme on use d'un instrument familier à sa guise, il ne m'était pas facile non plus d'harmoniser les résonances et les rimes pour donner un reflet vivant et fort aux sentiments qui étaient enfouis au fond de mon cœur et de mon âme.

Avec les années, le nombre des poèmes augmentèrent progressivement passant de 100 à 200, puis 500 et 1000. Cinq ans plus tard, le chiffre avait atteint 2000. La tâche de tous les réciter dans les temps qui m'étaient impartis s'avéra vite impossible, et à partir du moment où je fus réquisitionné pour les travaux forcés, je n'eus plus assez de temps pour les réciter. Ce fardeau était devenu beaucoup trop lourd à porter. Je fus alors contraint de renoncer à faire quelque chose que j'aimais faire. Pour un temps du moins, je fus obligé de déposer ce fardeau et de me séparer malgré moi de ce qui comptait le plus pour moi, laissant à la grâce de Dieu le soin de décider du sort futur de ma poésie.

Avant de quitter la Chine j'ajoutai encore plus de six cents poèmes aux deux mille déjà composés en prison. J'ai rendu grâce à Dieu pour les 858 que j'ai pu déjà retranscrire. Il m'en reste encore mille huit cents à me rappeler si le temps me le permet. J'espère pouvoir tous les écrire un jour, afin qu'ils puissent m'aider et qu'ils puissent servir à d'autres, que toute cette énergie et ces efforts fournis pendant ces années-là obtiennent quelque fruit.

*

Un matin du mois de juillet 1966, Ni Huashan, un prisonnier de mon unité se mit à diffamer des prêtres de notre Église devant quatre compagnons et moi-même. Je fus tellement saisi d'indignation en entendant ce qu'il disait que *mes cheveux hérissés auraient soulevé mon chapeau*, comme dit le dicton populaire. Je ripostai aussitôt, mais j'en restai troublé jusqu'au soir, et, rompant avec mes habitudes je brisai mon silence habituel et m'emportai contre Ni en le relançant lors de la réunion d'étude en petit groupe. Je rappelai au passage les positions légitimes que j'avais toujours défendues, y compris quand j'avais les menottes et les fers. Le chef prisonnier de mon unité, Guo Xiaohui, surpris par mon coup d'éclat inattendu, crut déceler là *une perle rare*, comme dit le proverbe chinois, et à la fois joyeux et anxieux à l'idée de se l'approprier, se dépêcha de noter mes remarques en détail. Et grâce à ce compte rendu, il obtint des dirigeants de la prison un *mérite*.

Environ deux semaines plus tard, le cadre Lin, au cours de son inspection, prit connaissance du compte rendu de la séance d'étude de notre petit groupe et apprit ce que j'avais dit de discutable et même d'inacceptable. Aussitôt, il donna l'ordre à la dizaine de prisonniers de notre petit groupe de se rendre dans un endroit à l'écart des autres groupes. Il s'agissait surtout de soustraire les autres prisonniers de la mauvaise influence que mes paroles pouvaient exercer sur eux. Il chercha ensuite à diriger la critique du petit groupe sur mes discours et à en extraire le *venin*.

Pendant les quatre jours suivants, durant lesquels se poursuivit cette réunion de critiques, qui avait l'impact d'une brise légère et d'une pluie douce, je répétais calmement mes positions, répondant aux questions des autres prisonniers. Tout en réfutant leurs fausses accusations soulevées contre l'Église, je leur récitai un *Qilu*, un poème en huit vers de sept caractères que j'avais composé :

« Tout-puissant Fils de Dieu, bon Jésus,
esclave sur la terre pour sauver l'homme,
tu adores le Seigneur, tu honores tes parents,
nous léguant ta sainte imitation.
Tu nous prodigues ton amour et tu nous enseignes
transformant nos cœurs bornés et aveugles.

Oh ! Maître, mort sur la Croix,
pour sceller la Nouvelle Alliance ;
moi, ton disciple, j'accueille la Bonne Nouvelle,
et je marche en confiance dans la Voie.

Plein de gratitude pour ton adorable bienveillance,
Je prends ta défense,
et me voilà prisonnier, humilié,
prêt à donner ma vie pour toi ! »

La séance de critiques du petit groupe laissa le cadre et ses auxiliaires insatisfaits. Le petit poème récité en public les piqua au vif et les irrita au point que tel *« un chien aux abois, acculé à sauter un mur »,* dit le proverbe chinois, ils décidèrent de recourir aux mesures extrêmes qui restaient à leur disposition et décidèrent de m'infliger une peine supplémentaire. La procédure fut engagée en faisant la demande auprès de la Cour de Justice d'envoyer quelqu'un pour m'interroger. Deux jours avant de prolonger ma peine, ils organisèrent un grand rassemblement de masse pour me faire passer par les critiques et la lutte de toute la compagnie. Cette stratégie sournoise n'avait pourtant pas davantage le pouvoir de me faire plier, au contraire, c'était plutôt mon esprit qui semblait se propager parmi les prisonniers de la compagnie. Ils étaient tous les témoins de ma confiance et de mon assurance inébranlable en dépit des menaces que les communistes me faisaient subir.

A la fin du mois de septembre 1966, un grand rassemblement général de toute la prison fut décrété. Son but était de punir certains prisonniers et elle coïncida avec la campagne de grande ampleur la plus effrayante qui embrasa jamais le pays, *la grande révolution culturelle prolétarienne.*

Au cours de ce grand meeting, quelques prisonniers, dont moi-même, furent condamnés. Je reçus une peine supplémentaire de cinq ans. Dans ma sentence, j'étais accusé de continuer à afficher une attitude réactionnaire, tenant des propos inadmissibles au cours des séances d'étude et d'écrire de la poésie réactionnaire destinée à répandre mon venin contre le Parti et le gouvernement. Tout cela n'avait rien de surprenant. Bien qu'appréciant hautement ceux de ses adeptes qui utilisaient la poésie pour chanter ses propres mérites et louer ses propres vertus, le parti communiste chinois, à fortiori, appréhendait et exécrait ceux qui s'en servaient pour défendre la justice et lutter contre l'oppression. Quand il avait affaire à de telles personnes et à ce genre de poésie, il était capable d'employer n'importe quel moyen pour les supprimer. Ce dont je dus faire les frais.

Peu de temps après cette nouvelle sentence, l'instructeur politique Tan et le cadre Lin me donnèrent l'ordre d'accepter le nouveau contenu de mon jugement écrit. Je refusai ; bien plus, je redoublai en protestations et leur rendis mes deux premiers actes d'accusation et la publication de mon premier verdict que je gardais depuis huit ans. Je savais que c'eut été une erreur de les conserver davantage, c'eut été comme laisser échapper un signe de compromis.

Cette prolongation de ma peine fut la phase la plus délicate de ma lutte à cette période, elle dura trois mois et me valut dix jours de surveillance accrue, mais à partir du milieu du mois d'octobre, la tempête commença à s'apaiser et je pus retrouver mon rythme de vie relativement insouciante et agréable d'avant.

Il est possible qu'en constatant mon comportement peu ordinaire pendant ces cinq années de torture et d'isolement, les cadres de notre compagnie aient changé d'optique et qu'ils aient commencé à me voir sous un jour plus clément, qu'ils aient pris la décision de me laisser en paix et d'accorder moins d'attention à mon cas. De temps en temps, le cadre Lin, responsable de la discipline et de l'éducation, me faisait appeler pour des interrogatoires, mais nos échanges tournaient court assez vite désormais, chacun donnant son avis et restant rivé sur sa position sans chercher vraiment à débattre. En général aucun des deux ne cédait la moindre parcelle de terrain et l'entrevue débouchait la plupart du temps dans l'impasse.

Je me souviens d'un incident survenu un matin, probablement à l'automne de l'année 1968, au cours d'un procès public dirigé contre le prisonnier Chen Decai. Le cadre Wen qui dirigeait les opérations, voulant forcer le prisonnier Chen à faire son autocritique et à passer aux aveux lui dit :

« *Mon point de vue, c'est que tu ferais mieux de faire une confession sincère dès le début de toi-même. Parce que si tu t'obstines, tu vas te retrouver avec des sanctions punitives, comme les menottes et ça m'étonnerais que tu tiennes longtemps. Pour sûr, ça te ferait crier de douleur et invoquer ciel et terre. Tout ça pour finalement passer aux aveux quand même. Ça m'étonnerait que tu t'entêtes jusqu'au bout comme ce catholique que nous avons dans la compagnie ! C'est sûr, je n'en ai jamais rencontré deux comme Zhou Bangjiu ! On pouvait serrer ses menottes n'importe comment, il supportait tout sans laisser échapper le moindre murmure, sans verser la plus petite larme, sans jamais crier ni gémir. Il était encore moins question de le voir admettre ses fautes et demander pardon. Quel entêtement ! Et toi, tu voudrais faire pareil ?...* »

D'après mes souvenir, le cadre Wen ne m'avait jamais vu de ses propres yeux subir la torture. Il n'avait pu être mis au courant que par l'intermédiaire des autres cadres et prisonniers qui avaient assisté directement à mon épreuve. Et voilà que d'une façon inattendue il se mettait à parler de moi en ma présence. Je l'entendais de mes propres oreilles et je pouvais mesurer par moi-même, de toutes parts, l'admiration et le respect que me vouaient les autres prisonniers. J'eus l'impression que finalement, à travers moi, notre mère l'Église qui souffrait tant l'humiliation avait été quelque peu glorifiée. En prenant conscience de ce phénomène, *je passai ma main sur le front*, comme dit le proverbe chinois, et je sentis monter une vague de bonheur. Cet incident m'incita alors à redoubler d'ardeur dans mon combat et à pénétrer plus avant dans l'ivresse de la victoire, désireux d'obtenir un triomphe toujours plus grand.

Si seulement ces prisonniers et ces cadres, si surpris et déroutés, essayaient de comprendre que c'était vraiment le Dieu tout-puissant qui déployait dans ma faiblesse son extraordinaire pouvoir spirituel en accomplissant ce miracle silencieux ! Si seulement à travers cet événement ils pouvaient voir Dieu, croire en lui, et recevoir son salut ! Si c'était le cas, je ne demanderais pas mieux que de souffrir encore cette épreuve de l'été 1960. Je le ferais pour offrir au divin Seigneur le moyen de manifester une nouvelle fois sa toute puissance afin qu'une fois encore il soit glorifié en toute chose.

*

Dans la mesure où les voies humaines ne sont jamais droites et nivelées, pourquoi celle du subtil combat spirituel, qu'il est si rare de rencontrer, serait-elle plus facile et sans à-coups ? Les chocs et les virages dessinent toute la poésie du sentier, tout comme le flux et le reflux, qui, avec leur rythme mélodieux, donnent aux mouvements de l'océan plus de puissance et de majesté.

En mars 1970, l'inspection générale annuelle qui durait depuis deux mois se terminait enfin. Le tout nouvel instructeur politique Li et le cadre Wu, chargé de la discipline et de l'éducation, s'opposèrent à mon refus persistant et peu ordinaire d'écrire une autocritique de fin d'année. Ils s'emportèrent contre moi et donnèrent l'ordre aux prisonniers de mon unité d'organiser une série de séances de critiques devant durer toute la journée et toute la nuit, pour m'astreindre à écrire cet auto-examen.

Au bout d'une semaine, lorsque l'instructeur politique Li constata la ténacité de ma résistance, il convoqua sur le terre-plein, pour accroître la pression, un grand rassemblement composé de plusieurs groupes. A cette occasion, il me lança publiquement : « *Tu n'as absolument pas le droit de t'opposer à l'inspection générale et de refuser d'écrire ton auto-examen. Nous ne t'imposons pas de faire tout ce que nous demandons aux autres prisonniers. Peu importe que tu écrives beaucoup ou peu, bien ou mal, ça nous est égal. On ne te demande qu'une chose : c'est d'accepter d'écrire. C'est tout !* »

Une fois son discours terminé, spontanément et d'un seul bloc, tous les prisonniers se mirent à me hurler dessus me criant de m'expliquer, de passer aux actes et d'obéir sur le champ. J'étais à la croisée des chemins et je devais faire un choix rapide. Étant donné que mes adversaires avaient tout de même renoncé à une bonne partie de leurs exigences, j'ajustais ma position, et dans une atmosphère particulièrement tendue je donnais la réponse suivante : « *Je peux bien sûr écrire ce résumé. Mais je ne le ferai que pour ce qui concerne les règlements de la prison et le travail manuel. En outre, je le ferai d'un point de vue catholique, comme je l'ai toujours fait.* »

Après avoir donné ma réponse, l'instructeur politique et les prisonniers n'eurent plus aucune objection à me faire. Le meeting fut dissout et je regagnai mon unité. Sans perdre de temps, je mis sur papier ce que j'avais promis d'écrire : un texte sur les trois-quarts d'une page intitulé : *Résumé de l'auto-examen de 1969* que je remis aux autorités de la compagnie. Dès lors, la longue semaine de bataille virulente et acharnée, qui avait surgi aussi soudainement qu'un violent orage, se dissipa.

En passant en revue tous les détails de cet incident, je réalisais combien j'étais loin d'en être sorti victorieux. Le conflit avait débouché sur un compromis qui mettait en péril mes principes. C'était la première fois depuis décembre 1956 que, sous la pression de nouveaux cadres affectés tout récemment dans notre compagnie, je cédais et écrivais contre mon gré un auto-examen lors d'une inspection générale. Pendant ce premier examen général de ce mois de décembre, j'avais pris l'initiative d'écrire mon premier *résumé sur mes pensées* dont le but était de rattraper mes graves erreurs commises au début de mon emprisonnement. Le plus grave fut que ce résumé d'auto-examen de 1969 servit de précédent et m'imposa en quelque sorte de recommencer aux deux examens de fin d'années que je passais ensuite au *laogai* de Peng'an.

Le plus vexant fut que cette « forteresse imprenable » que j'avais été toutes ces années fut finalement conquise et brisée par ces cadres-là. C'est pourtant bien ce qui arriva. Cette victoire procura à l'instructeur politique Li et au cadre Wu une jubilation sans borne, ils furent si fiers qu'ils le claironnaient à tout vent. Tous les deux en parlèrent au rassemblement général de la compagnie et une grande partie des prisonniers manifestèrent, à divers degrés, leur satisfaction.

Aujourd'hui encore, j'en éprouve du regret et ça me fait penser aux beaux vers d'un écrivain de la dynastie des Ming, Tang Yin (1470-1523) :

« Quand bien même une vie durerait cent ans,
un simple faux pas peut engendrer une tristesse éternelle,
où il est trop tard pour les remords ! »

*

C'est juste au début des années soixante-dix que je dus essuyer ce piètre revers de mon auto-examen de 1969. Les journées de ce premier printemps furent plutôt sombres et décourageantes, je ne les passais pas dans ma joie habituelle. Mon humeur se mêlait au climat printanier très incertain, mais je ne perdais pas pour autant mon courage ni ne me laissais abattre. Je cherchais au contraire à reconstituer mes forces et j'étais prêt à me mesurer de nouveau à la première occasion.

A partir de ce dernier incident les cadres de la compagnie ne me dérangèrent plus. Ils me laissèrent vivre ma vie sans soucis comme avant. Pendant les quelques séances quotidiennes de lecture collective des *Citations du président Mao*, qui tel un raz de marée, avaient déferlé dans toutes les compagnies de la prison, je continuais à me tenir à l'écart des activités du groupe et je gardais le même comportement de toujours.

Pendant cette période, le nombre de nouveaux poèmes que je composais augmenta rapidement. J'en produisais en moyenne dans l'année au moins un par jour, chaque poème exigeant une récitation fréquente, des corrections et leur mémorisation. En général, retenir un poème me prenait trois à quatre fois plus de temps que de le composer, aussi un par jour était un taux largement suffisant.

Bientôt souffla le deuxième printemps de ces années soixante-dix. L'inspection générale battit tambour une fois de plus, drainant à sa suite, comme chaque année, son impressionnante campagne d'une violence rare. « *Quand la tempête gronde dans la montagne, le vent s'engouffre dans le pavillon* » dit le poète Xu Hun de la dynastie des Tang (618-907). Ses vers expriment bien la tension qui régnait devant l'annonce imminente d'une rude bataille qui ne laissait aucun doute sur la volonté acharnée des autorités de la prison. Le soldat du Christ se préparait à braver la tempête et, s'il le fallait, à mourir dans la tourmente.

Pour éviter de commettre la même erreur que l'année précédente et ne pas fouler à nouveau ce sentier désastreux, je décidai de redresser la barre en prenant de moi-même l'initiative d'écrire d'avance ce que j'avais envie de dire et comme je l'entendais, afin de m'en servir ensuite comme excuse et de pouvoir refuser d'écrire autre chose. Il s'agissait de prendre l'avantage en frappant le premier et ainsi de passer au travers de la bourrasque d'un seul élan.

Dans ce but, j'écrivis donc un poème en huit vers constitué de cinquante caractères chinois que j'intitulais : *Résumé sur mes pensées de l'année 1970.* Quatre années auparavant, ma peine avait été prolongée justement à cause d'un poème de ma composition. Ce court, et plutôt inhabituel résumé d'auto-examen s'inspirait directement, par son nombre de vers et de caractères, du style appelé « Ci » *Xi Jiang Yue,* qui signifie *Lune sur la rivière de l'ouest.* J'avais laissé délibérément de côté les rimes et la mesure, dont je ne tins compte que dans la version en chinois que je fis en 1985, quand il me fut possible de la mettre par écrit une fois aux États-Unis.

Résumé sur mes pensées de 1970

« L'Église est bonne et bienveillante, elle sauve l'humanité ;
Depuis mon enfance je vis sous son aile.
Jésus, créateur de l'univers, rachète le monde ;
J'ai fait le vœu de l'adorer à jamais !
Une fois l'année écoulée comme le cours d'un fleuve,
je suis heureux de voir mon idéal sauf.
Devant mes yeux je contemple la gloire qui va fleurir ;
J'avance vers l'avenir dans une confiance totale ! »

Lorsque le cadre Wu prit connaissance de ce résumé d'auto-examen au genre tout nouveau, il me fit venir quelques jours plus tard dans son bureau pour m'interroger et m'obliger à le réécrire, ce que je refusai catégoriquement.

Ce 24 février, mercredi des Cendres, juste la veille de la grande vérification générale des auto-examens que les prisonniers venaient d'écrire, le cadre Wu invita toute la compagnie à se réunir et à mettre en place le dispositif devant servir aux enquêtes et jugements de chaque unité de la compagnie. Juste avant de clôturer le meeting, il m'accusa soudainement devant toute l'assemblée d'avoir composé le poème pour tenter de saboter le processus d'inspection générale, me reprochant en même temps de ne pas lire l*es citations du président Mao*, de refuser de m'avouer coupable, et de m'opposer à la réforme. Il donna l'ordre alors, pour que je réfléchisse davantage et fasse mon auto-examen, qu'on me mette les menottes et les chaînes et qu'on m'envoie au cachot. Et ce fut donc effectivement avec des menottes aux poignets et le cliquetis des fers dans mes oreilles que je repris le chemin de la cellule et de la solitude.

La vie solitaire, vécue les six années passées, recommença, mais cette fois, ma cellule n'était plus confinée près du mur de la prison, elle se trouvait maintenant à l'intérieur du bâtiment même de la compagnie ; en outre, j'avais les menottes en plus des fers. Bien que tout ça put paraître à première vue comme un surcroît de faits désastreux, ce fut en fait au contraire une accumulation de bénédictions. J'éprouvais un mélange de joie et d'appréhension. Pendant un instant, je fus même bien incapable de discerner lequel de ces deux sentiments l'emportait sur l'autre, mon cœur passant d'un extrême à l'autre sans pouvoir se départager.

A priori, tout laissait présager l'imminence de mon martyre que j'attendais depuis le tout début de mon combat. Pouvais-je prévoir, qu'un mois plus tard, lors de la grande assemblée générale de toute la prison, réunie pour punir les désobéissants et récompenser les bons comportements qui avaient été enregistrés pendant le déroulement de l'inspection de fin d'année, je n'allais recevoir comme sanction que « deux grands blâmes » ? Il m'était impossible de pénétrer les secrets de la divine Sagesse qui modelait ma vie jusque dans ses moindres détails. Je n'éprouvais pas non plus le besoin de sonder ses méthodes. Je savais simplement, du fond du cœur, que mon destin n'était ni abandonné à lui-même ni à la merci des communistes, qu'il était entièrement entre les mains du bon et tout-puissant Jésus-Christ. C'est pourquoi je n'avais aucune raison d'être inquiet ou de me laisser aller à la panique, et encore moins de réagir comme si j'étais assis sur un terrain épineux.

Baigné d'optimisme, j'avais l'impression d'être de retour dans ma cellule monastique de Chengdu, après laquelle j'avais langui des jours et des nuits. Je m'imaginais transporté, loin du tumulte du monde, au pays des fleurs de pêchers, dans le royaume de l'éternelle beauté. Dès le début de mon isolement, je m'imposai un nouvel emploi du temps réparti en prières, méditations, récitation de mes anciens poèmes, composition de nouveaux et révision de mon *Hymne à la vie.* Chaque jour, je respectais fidèlement les horaires et je vécus des jours quasi monastiques dans la paix, la joie et les souvenirs. Au bout de six mois, au moment de ma sortie, je pouvais offrir à Jésus trois cents poèmes de plus pour exprimer mes sentiments les plus profonds.

De temps à autre, les cadres effectuaient des contrôles. Les prisonniers chargés de me surveiller me jetaient parfois des regards féroces et me donnaient les ordres en vociférant ou en m'insultant. Tous mes gestes étaient paralysés par les chaînes que j'avais aux poignets et aux pieds, qui me suivaient comme mon ombre. Ma vie était abreuvée de difficultés et d'amertumes. Mon visage devint blafard, presque hagard tandis que mon corps était sale. L'hiver et l'été m'éprouvaient à tour de rôle avec le froid ou la chaleur, les moustiques et l'humidité du cachot m'assaillaient constamment. Mais toutes ces épreuves n'avaient pas d'autre fin que de former et modeler un cœur fidèle, entièrement offert au Seigneur. Elles avaient aussi pour mission de préparer le chemin des autres frères et sœurs afin qu'ils pussent recevoir un jour l'Évangile. Elles furent les briques et le ciment du grand projet de salut que Jésus-Christ édifiait. Mais pour ce qui concerne les cadres communistes qui se mettaient en quatre pour me briser, à vrai dire, que restait-il à espérer de plus pour eux ?

Le temps et les saisons ne s'arrêtent jamais et filent à toute vitesse, *« tel un poulain blanc bondissant entrevu à tra-*

vers une fente : un éclair et c'est fini », dit Zhuangzi (369-286 av.J.C.), philosophe de la dynastie des Zhou. Sept mois passèrent sans m'en rendre compte. La fête de Notre-Dame du Rosaire, le 7 octobre, vint me surprendre et m'apporter toute sa joie. Vers neuf heures du matin, je fus appelé brusquement au bureau de la compagnie où je fus affranchi sans condition de mes menottes et de mes chaînes et renvoyé de ma cellule. Les prétextes que le nouvel instructeur politique Zeng invoqua d'un ton grave et peu convainquant, avant de me relâcher, pour justifier cette nouvelle décision, étaient les suivants : premièrement, je n'avais pas cherché pendant mon isolement à enfreindre le règlement. Deuxièmement, les cadres ne voulaient pas me donner de ration de riz et me voir rester sans rien faire de la journée. Troisièmement, c'est par les travaux forcés qu'ils entendaient me réformer.

Les raisons, que l'instructeur Zeng avait avancées avant de me relâcher, n'étaient à l'évidence que de fausses excuses destinées à combler le manque d'argument et à tromper les autres et eux-mêmes. Je n'allais pas tarder à découvrir le pot aux roses : l'ordre avait été donné en effet, par leurs supérieurs, de transférer tous les prisonniers purgeant une peine limitée, de la grande prison vers un *laogai*. Je faisais partie du lot. Ainsi, le combat tendu et amère se soldait une fois de plus par la défaite cinglante des cadres communistes !

宿蓬安縣城

塞鴻秋

一九八一年七月二十五日
於蓬安

蓬中十夏驕陽似，
孤房五月甜如醴。
加利威脅難移志，
綁繩毆辱惟傷體。
夜景賞街心，
遐想飛天際：
歷程戰鬪何時記？

UNE NUIT AU CHEF-LIEU DU DISTRICT DE PENG'AN

Sur l'air de Sai Hong Qiu
(Oies sauvages en automne sur la frontière du nord)
Peng'an, le 25 juillet 1981

Les dix étés passés dans la prison de Peng'an
furent brûlants comme soleil de feu,
Mais cinq mois de cachot en solitude
furent comme la douceur d'un vin sucré.

Sentences nouvelles, menaces et pressions
ne pouvaient mordre sur ma volonté ;
Les liens, coups et insultes
ne blessaient que mon corps.

Au carrefour je contemple le ciel de nuit,
jusqu'aux extrémités du monde, mes rêveries s'enfuient :
Le récit de mon combat sera-t-il jamais raconté ?

CHAPITRE V

Rude bataille au camp de réforme par le travail de Peng'an

Octobre 1971

Cinq jours seulement après avoir quitté mon confinement, le 11 octobre 1971, je fis mes adieux à la prison provinciale numéro 1 de Nanchong où j'avais passé onze années de lutte. Plus de cent trente prisonniers, hommes et femmes, furent emmenés avec moi dans sept cars tout spécialement affrétés par l'entreprise locale des Transports motorisés. Nous fûmes escortés, à l'avant comme à l'arrière, par deux motos, trois véhicules militaires et une jeep, et encadrés par une dizaine de cadres et plusieurs douzaines de gardiens armés de fusils, prêts à tirer. La grande compagnie ressemblait à un long défilé d'une puissante armée révolutionnaire tandis que nous roulions sur les cinquante kilomètres qui nous menaient au *laogai* de Jinping dans le district de Peng'an où j'allais écrire à la sueur de mon front et à l'encre de mes larmes et de mon sang une nouvelle page du récit de mon combat.

Ce *laogai* fut construit à l'origine, d'après ce qu'on disait, dans le but d'y transférer la prison de Nanchong. Les communistes responsables chargés du projet, sachant que le site serait d'une importance stratégique, prirent en conséquence certaines mesures de sécurité et construisirent les bâtiments en les dissimulant au milieu des arbres. Pour une raison qui m'est inconnue, ce projet fut abandonné et déboucha sur la création d'un nouveau camp de réforme par le travail dont le nom de code était P.O. Box 91.

Mon arrivée dans un environnement qui m'était étranger et le fait de rencontrer beaucoup de nouveaux visages ne modifièrent pas mon attitude devant la vie : je fus vite repéré au milieu de la foule, comme *une grue parmi des poulets*, dit le proverbe chinois, et inévitablement, ceci eut pour effet d'attirer l'attention générale générant agacement et mécontentement chez les autres prisonniers, en particulier chez ceux qui mettaient tous leurs efforts à se bâtir un avenir meilleur.

Le troisième jour après notre arrivée, au moment de l'immatriculation, alors que je dus donner les motifs de mon incarcération, j'inscrivis comme à chaque fois : *Emprisonné et condamné pour avoir défendu la foi catholique.*

Quand deux prisonniers de mon unité, transférés en même temps que moi de la prison de Nanchong, qui savaient tout sur moi et qui faisaient tout ce qu'ils pouvaient pour déployer leur zèle « à se réformer parfaitement », virent ce que je venais d'écrire, ils se mirent brusquement en colère contre moi me faisant en chœur de violents reproches. Les coups de semonces qu'ils m'assénèrent éclatèrent comme le tonnerre, ils m'empoignèrent et me traînèrent aussitôt jusqu'auprès du responsable de la compagnie pour m'accuser devant lui. Ils connaissaient si bien mon passé que comme faisant l'inventaire de leurs biens familiaux les plus précieux, ils passèrent en revue tout l'éventail de mes « actions contraires à la réforme » du passé telles que mon refus de confesser mes crimes ou de lire les *Citations du président Mao*, d'étudier la presse et autres documents officiels, de prendre part aux réunions d'étude, d'écrire des confessions ou de faire un auto-examen lors des périodes de contrôle. Ils firent remarquer au passage que j'avais souvent été condamné à porter des menottes et des chaînes, que j'avais reçu des blâmes et que j'avais été condamné à une peine supplémentaire, que j'avais été maintenu sous surveillance, que j'étais passé par des procès publics et que j'avais été mis au cachot. Enfin, ils finirent par exiger que le gouvernement prenne des sanctions sévères contre moi.

Après avoir écouté leur compte rendu et leur accusation, le cadre Ren m'entraîna dans son bureau, il m'interrogea puis me donna l'ordre de mettre par écrit immédiatement une autocritique au sujet de l'incident de mon immatriculation. Comme je continuais à résister à ses exigences, il ne se rétracta pas directement et ne chercha pas non plus à me les imposer obstinément; pour sauver les apparences, il se contenta de me demander de retourner dans mon groupe et de réfléchir. Faute de pouvoir élucider la question, il la laissa en suspens, et c'est ainsi que ma première escarmouche se solda par une victoire. Par chance, la nouvelle de ce qui s'était passé se répandit sans faire de bruit.

Ce *laogai* était un authentique camp de travail, ce qui veut dire qu'il n'avait pas de compagnie de convalescents. Chaque prisonnier était assigné à un poste plus ou moins pénible. Le travail physique en prison ne représentant pas un danger particulier en soi pour ma foi, dès le tout début, je modifiais mon comportement habituel et renonçais à la ligne suivie depuis dix ans qui consistait à refuser les travaux forcés que ma santé physique ne me permettait pas d'entreprendre. Je pris donc la résolution de céder du terrain et d'effectuer les travaux auxquels j'étais affecté. Quand Pu, le vieux cadre de notre compagnie, au tempérament grossier et irritable et qui avait tendance à rosser facilement de coups les prisonniers récalcitrants, remarqua ma bonne volonté à participer aux travaux forcés en dépit de mon infirmité, il n'hésita pas à manifester sa satisfaction et à me féliciter, il fit même mon éloge publiquement et m'accrédita en affirmant que même si j'étais têtu psychologiquement, ma conduite au travail n'était pas si mauvaise.

Les autorités de la prison cherchaient toujours à forcer un prisonnier à reconnaître ses crimes et à se soumettre à la loi, à accepter de se réformer, à effectuer les travaux forcés du mieux possible et à observer fidèlement le règlement de la prison. Dans ce but, ils organisaient deux heures d'étude chaque soir au cours desquelles des informations et des articles de presse, des *Citations* de Mao Zedong et autres de ses écrits étaient lus à voix haute. On lisait en particulier les discours donnés par les dirigeants de la prison ou par d'autres responsables relatifs aux grandes ou petites campagnes ainsi que des documents spécifiques qui circulaient pour être étudiés ; les réunions d'autocritique concernant la vie quotidienne avaient lieu le dimanche ; le renforcement régulier du règlement carcéral, le lancement des contrôles saisonniers, l'inspection du milieu d'année, et en particulier la mise en place du processus d'observation générale de fin d'année étaient chacun des temps forts inscrits au programme des réunions d'étude du soir.

La méthode consistait, à partir de journaux, de discours et de documents, à énoncer nos impressions et manières de comprendre, à nous confronter aux documents, à faire notre autocritique et à analyser sans arrêts et en profondeur les racines idéologiques de nos crimes. Toutes ces séances se déroulaient d'ordinaire en écoutant, on prenait aussi la parole et à certaines occasions il fallait remettre un compte rendu écrit. Dans le même temps, les prisonniers étaient dans obligation de dénoncer, accuser et critiquer leurs codétenus.

*

Un matin de l'automne de l'année 1972, lors d'une de ces séances d'étude, le cadre responsable de notre section tenta de me forcer à accepter la réforme et de m'amener à lire publiquement les livres de Mao Zedong. Cette attitude fut la conséquence directe d'un discours de Nie Jidao, un codétenu de mon groupe qui était un prêtre ayant choisi la voie du compromis. Il avait déclaré une fois de plus dans son intervention, que je faisais preuve de manque de discernement des événements, que j'étais déphasé par rapport à tout ce qui se passait, et que j'allais à contretemps du puissant courant de l'histoire. Il me reprocha de refuser de lire les *Citations du président Mao* et de persister à n'en faire qu'à ma tête.

Le cadre Pu qui était le chef de la section et qui présidait le meeting, en l'entendant proférer ses paroles, ramena sur le tapis pour la énième fois mon cas insoluble, en l'analysant de long en large et en travers. Il voulait que je me convertisse en me repentant et que je me sauve, il me donna l'ordre de lire et d'étudier avec les autres prisonniers les *Citations du président Mao*, d'accepter la réforme, et *de me donner les moyens d'un avenir meilleur à moins d'être écrasé en mille morceaux par la roue de l'histoire.*

En entendant la déclaration du cadre Pu pendant la séance d'étude, les éléments actifs de mon groupe prirent aussitôt parti pour lui et profitèrent de l'occasion pour abonder dans son sens en *déchaînant la tempête sur la mer*, en *agitant les drapeaux et lançant des cris de guerre*, comme disent les proverbes chinois. Deux des trente membres de la section me traînèrent jusqu'au dortoir de la prison et m'obligèrent à prendre les *Citations du président Mao* pour les lire avec eux. Une fois le petit livre sorti de ma valise, je le leur remis puis cherchai à regagner le lieu de la réunion, mais en se saisissant du livre ils tentèrent de me le mettre de force entre les mains ; n'y parvenant pas, il me forcèrent à m'asseoir et placèrent le livre sur mes genoux. Instantanément, je le rejetai à terre, ce qui fut considéré à leurs yeux comme une insulte à l'encontre de leur grand leader, et une offense à l'égard de son prestigieux travail littéraire.

Prenant cet incident comme prétexte, ils se ruèrent tête baissée, à la suite de leurs chefs prisonniers Chen Desheng et Ren Gongbi, dans une action de masse : certains tapaient des poings, d'autres se servaient de leurs pieds, multipliant les coups, avides de prouver leur force et de se mettre en valeur. Dans un brouhaha assourdissant, tout le lieu du meeting tourna alors au chaos et sombra dans une grande confusion. Poings et paumes fusèrent dans ma direction me frappant au visage, à la tête, aux épaules et dans le dos. Sous leurs coups, je finis par tomber par terre à la renverse.

Pour avoir refusé obstinément leur « livre sacré » et pour l'avoir laissé tomber dès qu'on me l'avait placé de force entre les mains ou sur les genoux, on me flanqua pour chaque refus une violente raclée. Même le cadre Pu y mit du sien me rouant avec la pointe de sa chaussure en cuir. Le lendemain matin à la réunion d'étude, le chef prisonnier Chen Desheng, qui ne décolérait pas, m'infligea froidement trois gifles supplémentaires sur mon visage déjà tuméfié et gonflé.

Pourtant la brutalité des cadres communistes, les abus et les coups de leurs recrues pouvaient-ils venir à bout d'un soldat du Christ ? Comment les écrits hérétiques et pernicieux de Mao Zedong pouvaient-ils prétendre s'imposer en vrais détenteurs de la vérité tout en trompant les gens et en leur faisant autant de mal ? Ma détermination inflexible et mon zèle à refuser de posséder et de lire le petit livre rouge se révélèrent en fin de compte plus fortes que tous ces coups de poing et gifles. Ce fut en fait l'occasion pour moi de me départir une fois pour toute de ce « livre sacré », j'avais l'impression d'avoir les épaules allégées d'un grand poids et, comme dit le dicton chinois, je pus *poursuivre mon chemin d'un pas plus léger et vigoureux encore*, capable de braver les balles qui fusaient de toutes parts sur le champ de bataille.

Ce même jour, le cadre Pu, réalisant probablement après la clôture de cette farce grotesque et pénible, qu'il n'avait pas obtenu ce qu'il voulait, donna l'ordre à des prisonniers de mon unité de se rendre à l'infirmerie, il les chargea d'aller chercher de quoi soigner mes contusions et hématomes et aussi de faire réparer mes lunettes cassées. Le matin suivant, quand il m'appela pour m'interroger, il afficha la contenance hypocrite de *celui qui se lamente sur les malheurs de son temps et qui s'apitoie sur les souffrances humaines*, comme on dit en Chine. Ayant repris ses esprits et mettant de côté ses vues, il me fit le raisonnement suivant : « *Pour ce qui concerne la lecture et l'étude des Citations du président Mao, nous remettons la question à plus tard car elle a besoin d'être mûrie et nécessite plus amples discussions. Nous attendrons patiemment le jour où vous en prendrez conscience et prendrez vous-même l'initiative de le faire.* »

Sur ces mots, la tempête qui avait surgi aussi soudainement que violemment se dissipa pour faire place au calme. Et ce fut justement monsieur Pu qui mit de sa propre initiative un terme à ce qu'il avait lui-même provoqué. Mais, le parti communiste, avec la complicité de ses prisonniers soumis et dociles, n'en venait pas moins d'ajouter une page sinistre et peu glorieuse à son histoire criminelle !

*

Au début des années 1972 et 1973, sous les pressions successives, j'agis en contradiction avec mes principes et me pliai au compromis. J'écrivis au commencement de chacune de ces années un bref résumé de fin d'année, pensant à tort que c'était la meilleure chose à faire compte tenu des circonstances. Même si ces deux résumés furent identiques en tous points à celui écrit sous la contrainte en mars 1970 dans la prison de Nanchong, et ne traitaient que des sujets relatifs au travail manuel et au règlement carcéral, évitant d'aborder les questions pointues des confessions, des études, de la réforme idéologique ou de la conscience politique, je les considérais néanmoins comme de véritables échecs. Comme en 1970, ils me laissèrent une blessure et une vraie marque d'amertume et des regrets qui me hanteront pour le restant de mes jours.

Je garde une profonde gratitude pour Marie, notre Mère, qui par sa miséricorde me donna la force, la détermination, et le courage dont j'avais besoin pour me sortir de cette situation vacillante. En m'aidant à me relever de ma chute, elle me donna aussi la force de tenir fermement chaque année, à partir de 1974, de refuser d'écrire mon résumé de fin d'année. Grâce à elle, la tournure désastreuse que ces trois dernières années avaient prise avait pu être renversée et je fus en mesure de retrouver mon souffle militant et de poursuivre ma lutte en réécrivant cette page du début des années soixante-dix, au point d'en être ému à chanter et à pleurer. Je pus continuer ma longue route d'un pas encore plus léger et heureux, porté par une volonté invincible.

Il est vrai que ces années que je passais en refusant d'écrire mon résumé annuel et en résistant jusqu'à ma sortie de prison me coûtèrent cher. Elles me valurent de subir la critique et la lutte aux réunions de mon groupe mais aussi lors des grands rassemblements de masse. Au cours de ces réunions et de ces rassemblements, j'y rencontrais tout le cortège des insultes, reproches, calomnies, huées et des coups que les autres prisonniers présents m'infligeaient m'obligeant eux aussi à me tenir debout ou même à rester plié en deux au niveau de la ceinture tandis qu'ils m'assénaient leurs vexations ; de plus, ce qui était plus ennuyeux, ils finirent par m'envoyer au cachot, je reçus deux grands blâmes et fus condamné à une autre peine supplémentaire. Malgré cela, les cadres de la compagnie n'arrivèrent plus à briser celui qu'ils avaient surnommé la *forteresse obstinée*. L'image du soldat résistant du Christ était restaurée une fois encore, ce qui représentait en soi une importante victoire qui méritait d'être rappelée.

*

Aux premières heures du 9 septembre 1976, Mao Zedong décéda des suites d'une maladie, à Pékin. A la tête du parti communiste chinois, de 1935 jusqu'à sa mort, il imposa son pouvoir despotique et cruel, partiellement au début, puis sur l'ensemble de la Chine continentale, pendant près de quarante-et-un ans. Sa dictature constitua une véritable catastrophe, non seulement pour l'immense peuple chinois, mais aussi pour le parti communiste chinois qui le reconnut lui-même en décembre 1978 et en juin 1981 lors des 3e et 6e sessions plénières du 11e comité central. Pouvait-il en être autrement ? Ils n'avaient pas d'autre alternative. Officiellement, la tragédie avait commencé dans la deuxième moitié de l'année 1957 quand fut mise en branle la *grande campagne de lutte contre les bourgeois de droite*. Cette tragédie s'intensifia et connut son point culminant en 1966, date à laquelle une autre campagne sans précédent prit la relève : la fameuse *grande révolution culturelle prolétarienne.*

Durant ces dix années obscures et tumultueuses de la grande révolution culturelle, Mao Zedong porta la lutte et l'oppression à leur paroxysme. Il se retourna contre son propre camp, la grande masse de ses cadres détenteurs du pouvoir central et local. Un climat d'insécurité s'instaura dans leurs rangs et généra chez les officiels un vent de panique et, dévorés par la suspicion, ils se livrèrent à toutes sortes d'accusations et de dénonciations mutuelles; des cliques se formèrent, chacun allant de son intérêt personnel, se disputant pouvoirs et profits. Le chaos s'installa.

Le petit peuple en fut la première victime, et comme dit le proverbe chinois, se *vit plongé dans une eau trouble et tourmenté par un feu dévastateur.* Soumis à toutes sortes de souffrances, les Chinois burent la coupe d'amertume et de douleur jusqu'à ras bord et beaucoup connurent le sort tragique de l'exécution sommaire. A la mort de Mao Zedong en 1976, l'agitation politique fut à son comble. L'économie du pays fut sur le point de péricliter tandis que l'agriculture et l'industrie se désagrégeaient.

Bien que le corps de Mao s'effondra comme un arbre desséché ou un tronc putréfié, sa redoutable influence ne désarma pas pour autant. Ses partisans paniquèrent en pressentant leur fin arriver. Pour préserver le régime et parer à un danger éventuel, ils redoublèrent d'oppression dans tout le pays. Des vagues terrifiantes de répression se déversèrent sur le peuple pour l'écraser; un nombre incalculable de Chinois innocents furent soumis à la lutte et jetés en prison. Honnêtes gens et malhonnêtes furent sans distinction torturés ou tués. Le climat en prison se crispa brusquement. Chaque compagnie érigea son bureau de surveillance vingt-quatre heures sur vingt-quatre. Les cadres s'affairaient jour et nuit et le contrôle sur les prisonniers fut renforcé tandis la terreur s'intensifiait. Les prisonniers du *laogai* furent soumis à une angoisse permanente.

Le septième soir après l'annonce de la mort de Mao Zedong, lors d'une séance d'étude, le cadre Jiang, chargé de la discipline et de l'éducation de la compagnie, vint jeter le trouble dans notre unité. Il voulait me contraindre à lire à haute voix et publiquement une déclaration, publiée dans le quotidien *Sichuan ribao,* sur la mort du grand leader dont le titre était : *Lettre au parti, à l'armée et au peuple chinois de toutes nationalités.* Il me donna l'ordre de donner mon avis personnel sur l'article. Je refusai tout net, profitant de l'occasion pour lui exposer de but en blanc le bien fondé de mes positions, réaffirmant l'aspect définitif et immuable de ma foi catholique. La demie heure de pression ne fit que déboucher dans l'impasse, il donna alors l'ordre de m'envoyer au cachot, et me conseilla d'en profiter pour « réfléchir attentivement » et me « confesser consciencieusement ».

Avec moi, trois autres prisonniers de notre compagnie, Yan Luxiang, Wang Lin et Tang Runchao, tous trois des réfractaires idéologiques au caractère moins conciliant, furent placés aussi en régime cellulaire ce soir-là. Il était certain que des prisonniers des autres compagnies avaient dû souffrir au même moment les mêmes brimades, mais les informations sévèrement contrôlées ne circulaient plus, et il était impossible de les vérifier.

Ma vie au cachot se déroula d'une façon rigoureusement identique aux deux autres séjours passés en cellule à la prison de Nanchong. Elle m'offrait des conditions idéales pour prier et méditer, pour réciter des poèmes et en composer de nouveaux. L'aspect sinistre de mon habitacle isolé avait son charme particulier ; son ambiance paisible et douce me faisait rêver souvent et même voir mon retour dans une cellule monastique.

Les cadres de la compagnie et les prisonniers qui les secondaient dans leurs méfaits redoublèrent d'efforts pour me briser, mais sans y parvenir. Quoique condamné au cachot, j'étais néanmoins tenu d'assister aux meetings de lutte. Pendant les réunions de notre section, les attaques de cette interminable semaine sous la critique, les insultes, les coups et l'obligation de rester plié en deux ne produisirent pas l'effet escompté. Tout comme lors de mes premières expériences de lutte, j'attendais patiemment, jour et nuit, le moment glorieux de mon martyre, je désirais tellement le voir venir que mes yeux s'épuisaient à force d'attendre, mais c'était en vain car mon désir ne se réalisa pas.

La volonté du Ciel est imparable, tout s'accomplira entièrement quand les temps seront venus. Finalement, les autorités du camp n'eurent pas d'autre solution que de me relâcher de ma cellule et me laisser réintégrer mon unité d'origine aussi confiant que lorsque je l'avais quittée. Ils prirent cette décision le matin du 10 février 1977 après le meeting général du camp qui clôturait l'inspection générale de fin d'année. Au cours de ce meeting, ils m'infligèrent deux grands blâmes et déclarèrent en même temps avoir remporté par cette punition une grande victoire sur moi. Mais ils ne faisaient, en réalité, que se fourvoyer, comme *celui qui dérobe une cloche en se bouchant les oreilles*. C'est ainsi qu'ils mirent fin aux mesures coercitives qu'ils me faisaient subir depuis près de cinq mois, révélant ainsi leur incapacité à trouver une issue, ce que le poème de Yan Shu (991-1 055 ap. JC), de la dynastie des Song du Nord, illustre bien :

« Les fleurs se fanent
et rien ne peut y changer ! »

Après que j'eus quitté mon cachot, j'eus tout juste le temps d'un petit sursis pour refaire ma parure de combat. En même temps, j'avais constamment l'épée de Damoclès suspendue au dessus de ma tête, prête à lâcher à tout instant et je devais toujours rester sur mes gardes et me préparer à l'éventualité d'une bataille plus redoutable encore.

A cette époque, le nouveau chef du parti communiste chinois, Hua Guofeng incita le peuple à redoubler d'effort dans l'étude attentive des œuvres du grand maître, Mao Zedong, dont les publications furent diffusées dans tout le pays. La puissance de cette vague fut fulgurante et elle déferla dans la prison avec la violence d'un raz de marée. Les prisonniers prirent leurs dispositions pour accueillir cette nouvelle campagne et s'insinuer dans les bonnes grâces du nouveau chef communiste. Aux appels des cadres, ils firent échos avec enthousiasme. Ils se disputèrent l'achat des livres de Mao et rivalisèrent pour les étudier, les considérant comme « règles d'or » et préceptes infaillibles. Ils voyaient dans ces livres des tactiques sans pareilles et une arme puissante pour le remaniement idéologique, véritables fondements de l'avenir.

Face à cette nouvelle conjoncture dans l'enceinte de la prison et pour parer à ce nouveau vent de folie qui balayait le pays, j'essayais de *rester aussi impassible qu'une vierge*, selon les termes de Sun Wu, le célèbre stratège de la dynastie des Zhou de l'Est (770-256 av.J.C.), et de tenir aussi ferme que le roc. J'étais calme et recueilli, presque indifférent. Je refoulais sans cesse les tentations et les pressions que les prisonniers exerçaient sur moi. Je devais supporter avec sang-froid les piques constantes, les reproches, contrariétés et tracas qu'on me distillait à souhait.

Au milieu du mois d'avril 1977, le 5e volume des *Œuvres choisies de Mao Zedong* fut mis sous presse et diffusé à grande échelle. Cet événement porta l'effervescence déjà déployée à son comble. Les cadres responsables de chaque compagnie se précipitèrent à la librairie d'état locale *Xinhua* pour s'en procurer des exemplaires.

Le soir du premier mai, fête du travail, un rassemblement exceptionnel fut organisé pour distribuer à toute la compagnie les œuvres de Mao. La distribution fut précédée de discours élogieux sur Mao faits par les cadres. Leurs louanges résonnaient à mes oreilles : « *Ses écrits reflètent sa personne; son renom remplit l'univers; son influence se déploie comme le vent quand il fait courber l'herbe sur son passage!* »

Ils prétendaient que ses écrits jouissaient de la renommée d'un livre sacré, quelque chose de rare et d'unique au monde et, que tout le monde devait en posséder un exemplaire, les lire attentivement et les étudier à fond. Les cadres annoncèrent aussi que chaque prisonnier allait être appelé, selon son rang dans son unité, pour en recevoir un exemplaire. En le recevant il faudrait manifester sa vénération en s'inclinant!

Dès la démarche de souscription pour l'achat du livre, je marquais clairement mon désaccord, mais le cadre Jiang chargé de la distribution feignit d'ignorer ma protestation et, quand mon tour arriva, comme si de rien n'était, il appela mon nom et me pressa avec insistance de monter prendre le livre. Devant ce piège tendu sciemment, le regardant en face, je me levai de mon siège, refusai catégoriquement d'obtempérer en disant d'une voix retentissante : « *Je ne veux pas l'acheter!* »

Quand il me questionna sur les motifs de mon refus, je répondis que c'était mon devoir de rester fidèle à ma Foi catholique. Prenant soudain conscience que j'étais en train d'asperger d'eau froide ses débats enthousiastes et vibrants, il devint vert de rage. Avec agressivité, il donna l'ordre aux prisonniers de la compagnie de remettre immédiatement après la fin du meeting une accusation écrite sur « mon attitude follement arrogante et mon audace démesurée ». Il ajouta pour finir qu'ultérieurement suivraient forcément des séances de critique et de lutte.

Le cadre Jiang était en effet un homme de pouvoir, il était obéi au doigt et à l'œil, ses ordres, aussi inébranlables qu'une montagne, étaient exécutés à la lettre près. A la fin du meeting, beaucoup de prisonniers avaient leur stylo en main pour écrire à la va-vite les *crimes* dont je venais tout juste de me rendre coupable. Ils exigeaient des sanctions sévères. De leur côté, les prisonniers de mon unité me harcelèrent sans arrêt pour me forcer à changer d'attitude. Ils n'avaient aucunement l'intention de cesser leurs brimades. J'étais plein d'exaspération et harassé, mais la question était d'importance et la cause juste. Était-il possible de capituler en courbant l'échine ? S'il fallait en payer le prix fort, le jeu en valait la chandelle !

Grâce à Dieu, le premier obstacle put en fin de compte être surmonté victorieusement, ce qui me valut par la suite un surcroît de réprimandes, de cris, et de sanctions. On m'obligea à rester au centre du lieu de réunion tandis que les prisonniers de mon groupe multipliaient dans ma direction leurs critiques acerbes. Pendant les quinze jours qui suivirent, ils poursuivirent leur besogne me gardant pour cible à chacune des réunions du soir. Mes compagnons pouvaient-ils espérer raisonnablement avec de telles méthodes me forcer à changer mes résolutions de toujours et à renoncer à mes principes ? Non, rien ne put y faire, ni les coups du détenu Liu Aimin, ni même les objurgations et l'attitude inquiétante du cadre Chen Gongbo, ou encore l'intervention en pleine séance de lutte du cadre Zhang ! Deux mois plus tard, lors de mon procès, les officiels du Tribunal, pleins de suffisance, n'y parviendront pas non plus. Ils ne leur restaient que très peu d'espoir d'y arriver, comme le dit un proverbe chinois, et même s'ils savaient *décocher une flèche pour viser dans le mille une feuille de saule pleureur située à une centaine de pas*, ma *conversion* n'en restait pas moins pour eux un rêve inaccessible !

Au commencement de juin, deux ou trois semaines après cette épreuve, je reçus mon carnet de compte de la prison avec mon relevé. Je fus surpris de constater que la somme relative au prix du livre qui m'avait été prélevée d'office m'avait été restituée. Le montant réapparut dans les décomptes, ce qui prouva que les cadres de notre compagnie faisaient marche arrière et admettaient franchement leur échec. Ne dit-on pas que la résistance d'une herbe se mesure au passage d'un vent violent, et que l'or révèle toute sa pureté une fois trempé dans la fournaise ?

Il ne faut pas s'imaginer pour autant que ces cadres avaient l'intention de prendre du repos et d'en rester là. Ils n'allaient pas tarder, avec leurs faciès impitoyables, à révéler leur projet tenu secret de m'infliger une peine supplémentaire de cinq ans de prison. Le 3 septembre 1977, ils rendirent publique la nouvelle au cours d'un rassemblement général de toute la prison. Cet après-midi-là, je goûtai particulièrement à leur cynisme et je dus subir des humiliations infâmes. Ils m'attachèrent brutalement pendant une heure avec des cordes qu'ils serrèrent fortement. Le cadre Zhang et un gardien me traînèrent rapidement jusqu'à l'estrade et me forcèrent à garder la tête baissée et à attendre la proclamation du verdict. Une fois seulement passé le tour des huit autres prisonniers, qui subissaient le même sort que moi, je fus renvoyé de la plate-forme et sommé d'aller m'asseoir au dernier rang de ma compagnie. Quelques instants plus tard mes liens furent desserrés puis ôtés tandis que le meeting se poursuivait.

Peu de temps après ma condamnation à une peine supplémentaire de cinq ans de prison, un nouvel orage s'abattit sur moi. La déclaration contenant le jugement rendu contre moi me fut présentée pour y mettre mon empreinte. A cette nouvelle offensive je réagissai à brûle-pourpoint, je protestai de toutes mes forces et refusai carrément d'obéir aux ordres. Les cadres Jiang et Chen ripostèrent par des menaces répétées tandis que les autres prisonniers de mon unité me firent la guerre deux jours durant. Mais toutes ces attaques tombèrent dans le vide et tous ces efforts ne portèrent aucun fruit. Malheureusement, le dernier soir du rassemblement publique, le chef prisonnier Chen Zuobin, avec l'accord tacite du cadre Chen Gongbo, me tendit un piège. Brusquement, après s'être mis d'accord, lui et quelques-uns de ses codétenus se ruèrent sur moi, me saisirent par les mains et me firent apposer de force mon empreinte sur le document. J'eus beau être écœuré et fou de rage, je n'en restais pas moins totalement désarmé devant leur attitude sauvage.

C'est par ces vils procédés que les cadres communistes obtinrent mes empreintes. Mais que valaient-elles ? Pouvaient-elles d'aucune manière prouver mon adhésion volontaire à leur jugement, ou venir justifier leurs actes ?

Non, jamais ! Cela ne pouvait *qu'enfoncer un peu plus leur prestige dans la boue* et les discréditer complètement, comme dit le Han Shu (*Histoire dynastique des Han antérieurs)* composé par Ban Gu (32-92), et manifester au grand jour leur vraie nature et leur for intérieur, exposés au regard et au mépris de tous. Le Han Shu dit aussi qu'*une flèche décochée d'un arc puissant, en bout de course, ne peut même pas transpercer une soie fine comme celle du Shandong*. Que dire donc d'une volonté de fer !

*

En 1978, Deng Xiaoping réapparut sur la scène politique. Dès sa prise en mains des rênes du pouvoir, les choses changèrent. A la suite de la 3e session plénière du 11e comité central du parti communiste chinois, il cumula progressivement tous les pouvoirs et mit en place une politique à long terme plus modérée. Il lança une campagne de rectification des jugements erronés, des injustices et décisions arbitraires au sein comme en dehors du parti, il exigea la réhabilitation des victimes. Il déplaça l'attention focalisée sur la question sensible de la condamnation de la *Bande des quatre* et la porta sur la question des *Quatre modernisations.* Il était urgent, pour lui, de redorer l'image du parti communiste, de lui rendre son prestige et d'afficher à l'intérieur de la Chine comme en dehors un visage plus affable et plus ouvert.

En conséquence, quelques nuages noirs se dissipèrent et les tempêtes glaciales pleines de cruauté et de violence s'apaisèrent. Ce vent nouveau pénétra aussi à l'intérieur des prisons et atténua fortement la tension de l'atmosphère. Dès cet instant, les choses changèrent pour beaucoup et en particulier pour moi, ton serviteur fidèle, Ô Seigneur, qui continuait à suivre ta route. Et sans dévier, je refusais toujours d'avouer mes crimes, d'étudier les œuvres de Mao ou d'accepter la réforme. Malgré cela, que ce fût-ce au cours des séances d'étude ordinaires, des inspections hebdomadaires habituelles, ou des séances de refonte du règlement carcéral, ou bien que ce fût-ce en pleine atmosphère tendue d'une quelconque campagne, les autorités de la compagnie n'eurent plus jamais recours aux moyens coercitifs contre moi. Ils se bornèrent à me critiquer et à m'éduquer avec douceur quand ils ne fermaient pas les yeux tout simplement, se désintéressant de mon cas. Ma vie générale connut une évolution considérable et une nette amélioration.

Au début de l'année 1979, le *laogai* adopta des mesures plus libérales. L'une d'entre elles autorisait les prisonniers à étudier les langues étrangères. Grâce à cette liberté apportée par la nouvelle politique en vigueur, je pus m'abonner à deux revues en langues étrangères *Beijing information* et *la Chine en construction,* toutes deux dans leur version anglaise et française. J'achetai aussi à la librairie d'état *Xinhua* de Jinping, un petit dictionnaire anglais-chinois et plusieurs *Manuels des cours d'anglais radiodiffusés.* Au cours des deux années suivantes, je pus même acheter par correspondance à Pékin, Shanghai, Chongqing et dans d'autres grandes villes de Chine des dictionnaires et des livres linguistiques. Ainsi, je pus me remettre à l'anglais et au français que j'avais étudiés voici plus de vingt ans.

Dans notre compagnie, trois jeunes prisonniers me prièrent de les aider à apprendre l'anglais, ce qu'il eut été délicat de refuser. J'acceptai finalement malgré quelques réticences et m'y appliquais de mon mieux. Aider les autres fut une grâce merveilleuse qui me permit de redécouvrir, jour après jour, avec de plus en plus de plaisir ces langues apprises dans le passé. Je disposais de très peu de temps pour étudier et enseigner et mes progrès avançaient *à la vitesse d'un escargot ou d'un vieux bœuf*, comme dit le proverbe chinois, toujours est-il que les cadres de la compagnie, et même ceux du camp, donnèrent l'impression de changer de comportement vis-à-vis de moi. Ils ne m'adressèrent plus aucun regard hostile. Ils me considérèrent d'un autre œil, me regardant sous un jour plus favorable.

Deux mois plus tard, Deng, le chef de section, chargé de la discipline et de l'éducation dans le camp, s'informa sur mes études et mes cours d'anglais lors d'une conversation privée. De même, certains cadres de notre compagnie vinrent me montrer à l'occasion les montres importées qu'ils portaient à leur poignets pour que je leur traduise les inscriptions anglaises telles que « *waterproof, stainless steel, antimagnetic, made in, Switzerland* ». Sur leurs indications, quelques cadres des autres compagnies et même du camp vinrent aussi me consulter.

Qui aurait pu imaginer que mes connaissances très limitées de l'anglais puissent amener un jour les cadres communistes à jeter par-dessus bord leur hargne et à s'abaisser jusqu'à venir quémander auprès de leur inférieur un peu de savoir ? Je me voyais soudainement monter dans l'estime des autres prisonniers, et ma petite voix, comme dit le proverbe chinois, *qui n'avait que la résonance étouffée d'un pot de terre eut soudain la portée d'un coup de tonnerre*. La grâce de Dieu se répandait avec puissance, elle peut pénétrer tous les replis de la terre ; que le Dieu de bonté soit loué à jamais !

*

Les grands vents du changement soufflèrent avec la douceur de la brise printanière à travers toute la Chine continentale. L'effet se fit particulièrement sentir dans ce qui touchait les cas d'injustice et de jugements erronés et dans les cas de jugements arbitraires. Même les hauts murs de la prison ne résistèrent pas devant une telle puissance. Pour avoir refusé d'acheter et d'étudier le cinquième volume des *Œuvres choisies de Mao Zedong*, et pour m'être opposé au résumé annuel, j'avais été condamné à une peine supplémentaire. La direction du *laogai* jugea désormais que cette condamnation était une déviation de gauche et était déterminée à la corriger.

Dans la dernière période du mois de mars 1979, Deng, le chef de section, me confia lors d'une entrevue privée que mon procès de septembre 1977, qui m'avait valu ma peine supplémentaire, serait révisé. Il me certifia que toutes les erreurs constatées seraient rectifiées. Dans la soirée du 7 octobre 1980, juste un mois avant d'avoir fini de purger mes vingt-cinq ans de prison, ma première prolongation comprise, monsieur Wang Mingxue, le cadre chargé de la discipline et de l'éducation de la compagnie, me convoqua dans son bureau à l'improviste pour un entretien. Allant droit au but, il parla de la peine que le tribunal local m'avait infligée trois ans plus tôt, et voulait me convaincre de faire appel en demandant la révision de mon procès auprès du tribunal populaire du district de Peng'an. Il me déclara au passage son intention d'apporter sa contribution afin que le dossier fût scellé au plus vite. Il me conseilla aussi d'écrire à des amis et parents pour trouver un endroit où loger à ma sortie de prison.

Comprenant que ce qu'il disait partait d'une réelle bonne volonté, j'approuvai aussitôt. Le jour suivant, je lui remis ma demande pour le Tribunal exigeant la rectification des erreurs commises dans mon cas, ainsi que trois lettres pour rechercher un endroit où vivre après ma sortie de prison. La première fut envoyée au révérend père prieur Paulinus Li à la Maison *Old Folks de* Kowloon à Hongkong. La seconde lettre fut adressée à monsieur Vincent Yuan Nengding ainsi qu'à deux religieuses, au 184 de la rue moyenne Changshun de Chengdu. La troisième fut envoyée à mon quatrième frère, Jean-Baptiste Zhou Bengu, à Suining. Au bout de quelque temps, mes lettres de Chengdu et Hongkong me revinrent, les destinataires n'habitant plus aux adresses indiquées. Par contre, je reçus une réponse de mon frère de Suining qui m'invitait à venir vivre dans sa famille.

Le tribunal du district de Peng'an mit du temps à délibérer sur mon cas, sûrement à cause de mon insistance à défendre la Foi et les convictions catholiques, et je dus attendre la réponse. Au cours des six mois suivant, je renouvelai plusieurs fois ma demande de faire appel, les pressant d'agir vite, et j'exposai de nouveau ma position habituelle en détail le 8 mars 1981 (*voir appendice II*).

Un incident curieux se produisit au début de l'été 1981 alors que j'étais sur le point d'être libéré de prison. Au cours d'une réunion du soir de la compagnie, le cadre Wang Mingxue fit une déclaration surprenante : « *Certains d'entre vous connaissent l'anglais. Le pays a besoin de personnes avec de telles qualifications. Nous n'avons aucune raison de les garder en prison. Nous devons tous faire en sorte que ces personnes quittent la prison pour qu'elles puissent faire de la traduction et qu'elles aient le plaisir de voyager, de prendre l'avion et de vivre libres. C'est comme ça qu'elles seront en mesure d'apporter leur contribution dans l'effort national de construction des quatre modernisations du pays.* »

Dans son discours, le cadre Wang ne visait personne en particulier, il ne faisait même pas allusion à celui auquel il pensait. Mais moi-même et la centaine de prisonniers présents, qui étions au courant de ce qui se passait dans la compagnie, savions pertinemment de quoi il s'agissait, et savions très bien où il voulait en venir.

Tandis qu'il parlait, je vis défiler à toute vitesse un événement passé qui contrastait si fortement avec ce que j'étais en train d'entendre, et je ne savais plus s'il fallait en rire ou en pleurer. Six années plus tôt, en mars 1975, ce même cadre nous avait fait une lecture des nouvelles du quotidien *Sichuan ribao*. Un rassemblement avait été organisé pour critiquer le détenu Wang Lin, et juste dix minutes avant de commencer, le cadre Wang nous avait lu un article au sujet de la remise en liberté de 293 criminels de guerre amnistiés. Il avait déclaré alors devant l'auditoire, avec beaucoup de gravité :

«... *Après trois jours de critiques publiques acharnées dans les réunions de la compagnie, Zhou Bangjiu reste toujours aussi têtu et impénitent. Voilà un prisonnier qui ne cherche qu'à se mettre au banc du peuple à jamais, et qui prétend pouvoir résister jusqu'au bout à la rééducation idéologique. Pour un prisonnier de cette espèce, même s'il y avait un jour une amnistie générale, ça ne pourrait en aucun cas le concerner. Il ne bénéficiera jamais de cette chance et ne sera jamais du nombre des graciés...* »

Ce cadre qui avait proféré ces paroles avait aussi changé d'attitude et me traitait désormais différemment comme s'il s'agissait de deux personnes différentes. Il m'offrait même son assistance la plus dévouée pour que j'obtienne la rectification de mon procès erroné. Mes pauvres connaissances de l'anglais jouèrent manifestement un rôle déterminant et produisirent des effets imprévisibles et inimaginables. Seigneur, c'était là un des nombreux merveilleux desseins de ta Providence et l'une des manifestations tangibles de ton amour infini à mon égard.

Enfin, l'heure dictée par Dieu arriva. Dans la soirée du 22 juillet 1981, le cadre Wang à peine la réunion publique de notre compagnie terminée m'appela auprès de lui pour écouter en présence de nombreux prisonniers la nouvelle décision du tribunal de Peng'an qui avait enfin tranché une fois pour toutes mon affaire. Le nouveau verdict indiquait clairement que mon cas relevait du domaine idéologique et donc qu'il ne pouvait être réglé que par la rééducation, et non par des condamnations. La décision annulait donc ma première condamnation à cinq ans de prison supplémentaires et impliquait par conséquent ma remise en liberté immédiate. Après avoir fini la lecture du nouveau verdict du tribunal, le cadre Wang me remit le document avec l'autorisation de sortie de prison ainsi que deux mois d'allocation alimentaire.

Ainsi dans sa sagesse et par sa miséricorde, Dieu réalisait enfin mon vœu le plus cher et mon rêve le moins accessible. Ce fut une surprise totale ! J'en fus véritablement comblé de joie et ému aux larmes de gratitude. Je n'avais plus qu'à me tourner vers le Seigneur pour m'incliner devant lui et lui offrir chacun des jours qu'il me restait à vivre.

CHAPITRE VI

Sortie victorieuse de prison

Juillet 1981

Le 25 juillet 1981, au petit matin, après deux jours de préparatifs et d'empaquetage, je franchissais victorieusement et plein d'entrain les portes en fer de la prison, emportant dans le cœur toute ma fidélité au Seigneur. Je ne me sentais ni supérieur ni inférieur par rapport aux cadres de la prison, pour lesquels je n'éprouvais aucune rancune mais plutôt un sentiment d'indulgence. Comme par miracle, je faisais mes adieux à ce champ de bataille où j'avais combattu pendant ces dix dernières années. A regarder devant moi, l'avenir me parut encore bien incertain, mais je me sentais rempli d'espoir et la joie me transportait sur le chemin qui s'offrait.

Peu de temps après ma sortie du *laogai*, j'atteignis le bord de la rivière Jialing. Sur l'autre rive se trouvait le chef-lieu du district de Peng'an où je dus passer la nuit.

Le matin suivant, je pris le car pour Nanchong.

重臨故地，市區徜徉；
可愛修院 注目遠方。

漫步蓮花池畔，
當年就讀中學回想；
佇立大北街邊，
昔日主教座堂凝望。

往事舊景，腦海翻滾；
千情萬緒 心頭湧進。

斯城滄桑，
何深何鉅！
感慨無限
難言難敍！

舉目望藍天，一切向主獻，
心盡趨寧靜，無憂又無怨。

De retour sur les lieux d'autrefois,
Je me promène dans la ville ;
J'aperçois au loin
Notre cher monastère.

Longeant l'étang du Lotus,
Je me souviens de l'école secondaire où j'allais ;
Du bord de la rue Grand Nord
J'observe l'ancienne cathédrale.

Images et souvenirs du passé
Submergent mes pensées ;
Les émotions en nombre
Assaillent mon cœur.

Comme la ville a changé
durant toutes ces années !
Comme il est difficile
De dire tant de sentiments !

Les yeux levés vers le ciel bleu,
J'offre tout au Seigneur ;
Et dans mon cœur apaisé
Soucis et murmures se sont dissipés.

勝利出獄

眼兒媚

九八一年七月二十五日

於蓬安

出牢謝主望晨星，
虎口慶餘生
漫長黑夜，
頑強戰鬥，
終見黎明。

主前成敗詩文獻
譏譽任人行
展望前路，
昂然挺進，
壯志霄凌。

SORTIE VICTORIEUSE DE LA PRISON

Sur l'air de Yan'er Mei
(Les beaux yeux)
Peng'an, le 25 juillet 1981

Je quitte la prison le cœur reconnaissant au Seigneur,
Les yeux tournés vers l'Etoile du matin.
Heureux d'avoir échappé à la gueule du tigre !

Au bout d'une nuit sans fin,
D'un combat tenace,
J'ai vu l'aube se lever enfin.

Succès et échecs, poèmes et essais,
J'ai tout donné au Seigneur.
Eloges ou blâmes, que m'importe !

Sur la route devant moi,
Je m'élance plein d'ardeur,
Mon espérance touche les nuées !

CHAPITRE VII

Conflit dans ma famille

Août 1981

Une semaine après ma sortie de prison et mon retour en famille, au moment de me rendre au bureau de la sécurité publique de Suining pour régulariser ma situation de résident, madame Liu Sufen, cadre chargé de mon dossier, me fit la suggestion d'attendre d'être bien certain de vouloir résider chez mon quatrième frère. Ce cadre vivait tout près de chez lui, deux portes à côté, et elle connaissait très bien ses dispositions. Sur le moment, en ce début du mois d'août, je n'avais pas tenu compte de cette mise en garde judicieuse. Je m'étais même dit « *Pourquoi s'inquiéter, pourquoi prendre la peine de le faire !* ». En fait, il n'y avait pas d'autres solutions pour moi, toutes les autres voies d'accès m'étaient fermées. Il fallait que je sois accepté et je restai finalement dans la famille de mon frère où je me sentis heureux quelque temps. Mais, tout comme une belle fleur ne reste pas éternellement en fleur, l'exaltation ne dura malheureusement pas, et lorsque je pris conscience de la situation réelle dans laquelle je me trouvais, toute ma joie partit en fumée. Je n'eus alors plus qu'un désir, celui de quitter Suining au plus vite et de retourner d'où j'étais venu : au camp de réforme par le travail. Mais il était trop tard, *le riz était cuit*, dit le proverbe chinois, et il ne fut plus possible de faire marche arrière.

Je découvris que mon quatrième frère – ma propre famille – était devenu un partisan actif de la réforme religieuse. J'appris dans le même temps que quelques mois auparavant il avait été désigné pour participer à une réunion au niveau provincial de l'association patriotique des catholiques chinois, à Chengdu. A plusieurs reprises, il prit plaisir à me parler de cette réunion et me vanta le traitement de faveur dont il avait joui avec les autres délégués auprès du Département du travail du front uni du comité provincial du parti communiste. Il poussa la provocation jusqu'à me chanter un hymne à la gloire des mérites et des vertus des communistes, sans se rendre compte qu'il se trompait d'auditoire. Je découvris progressivement qu'il était entièrement sous la houlette du prêtre local, le père Huang Woze.

Sous la pression, ce prêtre s'était laissé séduire et avait embrassé la cause du parti communiste de longue date. Il était fier de porter le titre honorifique de « membre du comité permanent de la conférence consultative politique du district » et recevait du comité local du département du travail du front uni du parti communiste un salaire mensuel d'environ cinquante yuans, ce qui représentait la valeur d'un salaire moyen d'un ouvrier de la Chine continentale, qui permettait de faire vivre deux personnes. Totalement dévoué à ses supérieurs du parti communiste, il était soumis à toutes leurs exigences, obéissant à toutes les directives et il leur rédigeait d'une façon systématique des rapports sur ce qui se passait. En cas de nécessité, il n'hésitait pas à attaquer publiquement le Vatican et les missionnaires étrangers lors de ses homélies ou dans ses discours. Bien évidemment, il m'était impossible de faire confiance à un tel prêtre, de nouer la moindre relation avec lui, ou bien d'assister à ses messes et de recevoir le Saint Sacrement de ses mains.

Dès le départ, l'opposition de mon frère et du père Huang furent très marquées contre ma position déterminée et mon attitude sans concession face à la réforme. Tout de suite, ils adoptèrent la tactique de la pression directe et de l'attaque indirecte. Était-ce vraiment surprenant ? De tels procédés faisaient très naturellement partie de leur logique et illustraient parfaitement la parole des Écritures, « *Tendons des pièges au juste, puisqu'il nous gêne et qu'il s'oppose à notre conduite, nous reproche nos fautes contre la Loi.* » (Sag 2, 12)

Mon frère était le complice du père Huang et agissait de concert. Il me haïssait profondément. A cent lieues de me considérer comme un soldat de l'Église et un vrai catholique, il oubliait aussi de me traiter comme son propre frère. Il préférait me traiter en adversaire et agissait en ennemi sans me déclarer la guerre. Sur les instructions du père Huang, il m'espionnait dans le dos.

Il m'empêcha d'écrire mes lettres et une fois il m'en subtilisa plusieurs écrites par un de mes amis de prison qui avait été relâché. Il se permit d'agir ainsi sous prétexte que mon comportement était contre-révolutionnaire. De plus, il me menaça plusieurs fois de faire un rapport aux autorités gouvernementales et de leur demander de trancher l'affaire de peur que lui et sa famille ne se retrouvent mêlés à une histoire d'ordre criminel, ne finissent par être tenus pour responsables et ne tombent en disgrâce en même temps que moi, *comme le poisson des douves souffrant sous le feu de la porte de la ville en flammes*. Il insista souvent pour me rappeler que je n'avais aucun droit d'écrire à l'étranger pour tenter de retrouver les prêtres de notre prieuré qu'il qualifiait d'impérialistes.

Mon frère ne voulait pas que je reste chez lui et fit tout ce qui était en son pouvoir pour me chasser. A force de pression de sa part, j'allais demander à madame Liu Sufen, le cadre qui s'était déjà occupée de mon dossier, de m'indiquer un moyen pour trouver un travail. Je pensais qu'en obtenant un travail, je pourrais partir de chez mon frère. D'une façon inattendue, au lieu de répondre positivement à ma question, elle profita de l'occasion pour m'attraper et me faire la leçon en disant : « *Vous vous plaignez maintenant de ne pas pouvoir trouver de travail. Pourquoi avez-vous commis des crimes là où vous étiez au début ?* » A quoi bon polémiquer avec elle ou chercher à lui répondre ? Je ne pouvais pas lui en vouloir de n'avoir en réalité aucun moyen de me trouver du travail. A cette époque, plusieurs milliers de jeunes gens se trouvaient sans travail dans la région. En conséquence, il ne me restait plus que la solution de demander l'autorisation de quitter Suining et de chercher ailleurs un autre travail et endroit où habiter.

Au cours des six derniers mois de 1981 et au début de l'année suivante, le poste de police du quartier Chengguan envoya à deux reprises un policier pour enquêter sur ma situation. A chaque fois, je lui expliquais toute la vérité. Au cours du printemps 1982, le policier fut muté. Quand le nouveau responsable des enregistrements résidentiels de notre secteur vint pour obtenir un complément d'information à mon sujet, je lui racontai la même chose. Au bout d'un certain temps, ce même policier revint accompagné d'un autre cadre, et je leur soumis une fois de plus ma situation de détresse leur montrant les lettres que j'avais reçues de deux moines bénédictins, les pères Bernard Hwang et Félix Tang. Je leur précisai en particulier que j'avais reçu de leur part une certaine somme d'argent, leur faisant comprendre aussi que j'avais retrouvé mon cinquième frère à l'étranger grâce au père Hwang. Je leur fis remarquer ma position délicate de continuer à rester chez mon quatrième frère ainsi que l'urgence de me trouver un nouveau logement. Je répondis à toutes leurs questions sans masquer le moindre détail.

En février 1982, j'allais même jusqu'à rendre visite à deux de mes anciennes unités de captivité : au *laogai* de Peng'an et à la prison provinciale n° 1 de Nanchong. Un mois plus tard, je retournai pour une deuxième visite dans ce camp, mais ma demande d'y retourner pour travailler me fut refusée. Je n'avais donc plus d'autre alternative que de rester sous le toit de mon frère et continuer à subir ses insultes et vexations.

Il m'interdisait d'acheter des livres, hurlant que le parti communiste n'avait jamais persécuté l'Église et que je n'avais jamais été emprisonné à cause de la religion. Il ne m'autorisait ni à lire ni à écrire, et encore moins à étudier les langues étrangères. Il déclara que tant que je garderais ma façon de penser et refuserais de changer en mieux, tout ce que j'apprendrais ne servirait à rien même si j'arrivais un jour à maîtriser les langues. Que jamais le gouvernement ne m'emploierait ou ne me donnerait le moindre travail. Chaque fois que je tentais de répliquer, il se mettait en furie et même levait la main sur moi. Il usait de toutes sortes de moyens et de prétextes, difficiles à décrire, pour m'amener à m'écarter du droit chemin.

L'hostilité de Jean-Baptiste, mon frère de sang, donne un aperçu de l'ampleur des répercussions que la terreur organisée par les communistes a pu exercer sur tous les Chinois. C'est parce qu'il avait peur du parti communiste et qu'il était terrorisé à l'idée de subir la persécution qu'il en arrivait à suivre la ligne du parti et à rejoindre l'église patriotique se retrouvant ainsi dans le sillage du père Huang. D'après lui, le parti communiste n'était pas opposé à l'Église catholique elle-même, mais à l'ingérence du Vatican. Mon frère considérait la réouverture de la chapelle locale, le 1er novembre 1981, et le droit de célébrer des messes et d'y assister comme des preuves tangibles de la liberté religieuse. Dans le même temps, il soutenait que ma loyauté irréductible vis-à-vis du Seigneur et mon refus net de suivre sa voie à lui étaient une preuve de mon anti communisme. Selon son raisonnement, mes actes ne me menaient nulle part et ne pouvaient rien m'apporter de très positif pour l'avenir à part un nouvel emprisonnement probable. En plus, comme j'habitais chez lui, les conséquences ne pouvaient, inévitablement, que retomber sur lui et sur toute sa famille ! En conséquence, pour parer au pire, il éprouva le besoin de tracer une nette démarcation entre lui et moi tout en s'efforçant de me persuader, ou même de me forcer, à changer d'avis. S'il réussissait, il pouvait en tirer un certain prestige et peut-être améliorer son statut et gagner quelque récompense. Même si ses efforts étaient vains, c'était l'occasion pour lui de prouver sa fidélité au parti communiste et ainsi éloigner toute suspicion de compromission et d'éviter toute implication.

J'étais loin d'imaginer en sortant de prison, à peine échappé de l'antre du lion, qu'en retournant chez moi j'allais me retrouver dans la tanière d'un tigre tout aussi redoutable. Le proverbe ne dit-il pas en effet :

« Le bonheur n'arrive jamais en nombre,
le malheur n'arrive jamais seul ! »

*

Le père Huang Woze, aux yeux duquel j'incarnais tout ce qu'il y a de plus odieux, était à la fois malin et sournois. Il passait son temps à ruminer des machinations et à semer des intrigues pour me piéger utilisant des méthodes indignes. Il chargea mon frère de mener l'offensive de front tandis qu'en même temps il incitait ma belle-sœur, ma nièce et son mari, chacun à leur tour, à faire pression sur moi par derrière. Il déploya vainement toute son habileté à essayer de m'acculer au mur et m'obliger à suivre leur voie douteuse. Si son plan échouait, il avait probablement prévu de me faire jeter en prison. Il savait parfaitement dissimuler ses intentions et ses ruses étaient à la fois intelligentes et redoutables !

Le courrier et l'argent que je reçus au début de l'étranger échappèrent à son attention. Mais dès qu'il fut mis au courant par le rapport que mon frère lui fit, il chercha à ruiner l'échange instauré avec les contacts à l'étranger. Il colporta délibérément la rumeur diffamante selon laquelle mes contacts avec les impérialistes n'étaient qu'intéressés et visaient avant tout à obtenir de l'argent.

Pour faire d'une pierre deux coups, *en visant deux aigles avec une seule flèche*, comme dit l'adage chinois, il jeta le trouble et suscita la crainte à la fois dans mon esprit et dans celui de ma famille en répandant un autre bruit qu'il me fut alors impossible de vérifier. Cette rumeur prétendait que lors d'une réunion d'étude des catholiques de Chengdu, les cadres du Département du travail du front uni et du bureau de la sécurité publique de la ville avaient soulevé la question de mon passé, rappelant « ma tentative de sabotage de la réforme et ma relation étroite avec les impérialistes ». Toujours selon cette rumeur, ces cadres auraient demandé auprès de ces deux mêmes autorités de Suining de me placer sous étroite surveillance et de m'interdire formellement de quitter le pays, parce que j'avais toujours la même pensée réactionnaire. Cette mesure aurait été prise pour parer à un nouvel incident tel que celui qui se produisit quelque temps auparavant avec l'archevêque de Canton, Mgr Dominique Tang Yee-ming, S.J., dont la sortie du pays fut considérée par les autorités communistes chinoises indignées comme un grave préjudice envers le pays et l'église patriotique.

L'archevêque de Canton, Mgr Tang fut libéré de prison, après vingt-deux ans d'emprisonnement pour le Christ, le 9 juin 1980. Au mois de novembre qui suivit, il obtint l'autorisation de se rendre à Hongkong pour se faire soigner. Il ne devait plus jamais retourner en Chine continentale. Le 5 juin 1981, il fut nommé par Rome, archevêque de l'archidiocèse de Canton. Une semaine après, les communistes chinois accusèrent le Vatican d'ingérence dans les affaires intérieures chinoises et lancèrent aussitôt une nouvelle campagne contre le pape. L'association patriotique organisa alors dans tout le pays des meetings d'accusation contre l'archevêque de Canton, le diffamant en l'accusant de trahison et lui interdisant son retour à Canton. Une semaine après, les communistes chinois accusèrent le Vatican d'ingérence dans les affaires intérieures chinoises et lancèrent aussitôt une nouvelle campagne contre le pape. L'association patriotique organisa alors dans tout le pays des meetings d'accusation contre l'archevêque de Canton, le diffamant en l'accusant de trahison et lui interdisant son retour à Canton, il se trouva forcé de rester à Hongkong. Epuisé par les efforts pour écrire et pour prêcher que le témoignage de son expérience en prison l'obligeait d'accomplir, il décéda à 87 ans, le 27 juin 1995, aux Etats-Unis, dans l'état du Connecticut.

En mars 1984, le père Huang fit un rapport détaillé de mon cas au chef du département des affaires religieuses installé depuis peu à Suining et lui demanda de saisir l'affaire. Le chef du bureau lui expliqua qu'il n'y avait rien d'illégal à établir une correspondance régulière avec des étrangers, ni à recevoir une aide financière ou d'avoir retrouvé mon cinquième frère de Taïwan, je n'avais enfreint aucune règle. Mais le père Huang ne l'entendait pas de cette oreille, il alla jusqu'à dénoncer mes correspondants en m'accusant d'écrire à des étrangers pas tout à fait comme les autres mais aux pères Bernard Hwang et Félix Tang, deux prêtres Bénédictins, et il fit remarquer au responsable que le monastère bénédictin était réactionnaire, qu'il avait été fondé par le père Raphaël Vinciarelli, expulsé en tant qu'impérialiste. Après avoir entendu ses accusations, le responsable lui promit d'enquêter sur cette affaire et d'agir en conséquence.

Les machinations du père Huang ne s'arrêtèrent pas là. Il continua de troubler et influencer ma belle-sœur. Le dimanche des Rameaux, le 15 avril 1984 au matin, après la messe, il l'entraîna à l'étage et lui raconta que deux pasteurs protestants de Nanchong venaient d'être arrêtés pour avoir écrit à l'étranger. Il fit semblant de se sentir très concerné, feignant d'être inquiet à mon sujet et susurra à l'oreille de ma belle-sœur que si jamais il m'arrivait quelque chose de fâcheux, les conséquences risquaient d'être désastreuses. Non seulement j'avais toutes les chances d'en pâtir, mais toute la famille serait probablement impliquée !

En entendant ce que lui disait le père Huang, ma belle-sœur fut profondément perturbée. Trois jours plus tard, le Vendredi saint, dès que l'occasion se présenta, elle vint discrètement à l'étage pour m'avertir en douce des propos du père Huang et m'implora de ne plus écrire à l'étranger, de renoncer à demander de l'argent, et bien sûr de ne pas faire de demande de sortie du territoire. Elle me supplia de l'écouter, car si les choses tournaient mal, sa famille risquait d'en subir toutes les conséquences, elle craignait que la famille « perde la face » ce qui eut été une humiliation difficile à supporter devant les autres. Par ailleurs, ses trois filles et leurs maris risquaient de se voir interdire l'entrée dans le parti communiste, ce qui revenait en quelque sorte à compromettre leur avenir.

Une fois que ma belle-sœur eut fini de m'informer et de me confier ses craintes en toute bonne foi, je sentis mon cœur saigner. J'étais à bout de ressources. Je ne savais plus quoi faire, je ne savais pas comment faire face à la situation. Je venais précisément de déposer ma demande de passeport auprès du bureau local de la sécurité publique. C'était un moment particulièrement critique pour moi et j'avais peur que toute cette histoire ne vienne entraver mes démarches. A ce moment-là, je n'avais aucune idée de ce que le Seigneur me réservait pour l'avenir, mais je me souvins soudain des mots du psaume 139 « *Mon embryon, tes yeux le voyaient ; sur ton livre, ils sont tous inscrits les jours qui ont été fixés, et chacun d'eux y figure.* » *(Ps* 139, 16*)* Ces paroles m'apportèrent aussitôt lumière et réconfort et je me sentis soudainement apaisé. Dans la joie, je renouvelai l'offrande de moi-même à mon aimable Seigneur. Je remis tout entre ses mains et le laissait décider pour moi, prenant aussi la décision de poursuivre mes démarches pour obtenir mon autorisation de sortie du territoire.

遊香山公園

采桑子
一九八四年十一月八日
於北京

纜車載我登山頂，
頭上秋光。
雲霧茫茫
不見京都見太陽！

香山霜葉紅如火，
遐邇飄香。
早已秋涼，
未睹妖嬈欲斷腸！

EXCURSION AU PARC DE LA COLLINE PARFUMÉE

Sur l'air de Cai Sang Zi
(La cueillette des mûres)
Pékin, le 8 novembre 1984

Le funiculaire me transporte sur la crête,
la lumière d'automne caresse ma tête.
Nuages et brumes remplissent le ciel,
la Capitale a disparu, seul brille le soleil !

Les feuilles d'automne rouges feu sur la Colline,
répandent leur parfum jusqu'au loin.
La fraîcheur de l'automne déjà paraît ;
Ne jamais revoir si flamboyant paysage
me fendrait le cœur !

CHAPITRE VIII

Demande de sortie

Mars 1982

Mes six premiers mois passés hors de la prison furent extrêmement éprouvants. L'hostilité de mon entourage ajoutée à l'incertitude de mon avenir pesèrent lourdement sur mon cœur angoissé. Me sortir de cet antre du tigre et rejoindre ma communauté monastique paraissait à ce stade quelque chose d'irréalisable et d'inaccessible. Y songer eut été un peu comme disent les proverbes chinois, « vouloir combler sa faim avec des pains dessinés sur un tableau » ou encore « construire un château dans les airs ». Mais au moment d'atteindre ce lieu décrit dans le poème du célèbre poète de la dynastie des Song du Sud, Lu You (1125-1210 ap. J.C.) où *« Les montagnes et les rivières finissent, là où aucune issue ne semble possible »*, une sorte de miracle se produisit. Devant mes yeux surgit un paysage merveilleux : *« Un village perdu au milieu de saules pleureurs et de fleurs de toutes les couleurs »* (Lu You).

La Divine Providence ne s'était pas contentée d'ouvrir une brèche. En me faisant parvenir des nouvelles et une aide financière de mon monastère à l'étranger par l'intermédiaire de vieux amis, le professeur Pansy Lang, célèbre soprano chinoise, et son mari, le docteur Michel Xiao, elle me permit en même temps par une autre voie, de retrouver deux de mes frères, les pères Bernard Hwang Kuo-wei et Félix Tang Tien-shou. De leur part, je reçus des lettres et un don de 500 $ américains, ce qui représentait la somme approximative de 900 yuans (renminbi). Avec cet argent, je pus défrayer ma belle-sœur de la totalité des dépenses occasionnées depuis mon retour le mois de juillet précédent (12 yuans par mois). J'achetai aussi des vêtements, un bureau, des livres et quelques produits dont j'avais besoin. Je plaçai les 700 yuans restants dans une banque. De ce fait, mon souci de chercher de quoi vivre était résolu, et ma condition de vie extérieure commença à s'améliorer.

Le 21 mars 1982, je m'installai comme écrivain public à une table sur le bord du trottoir de la rue Grand Ouest pour me mettre au service des gens illettrés et pour me faire un peu d'argent. Ainsi, j'avais au moins l'impression d'avoir un travail et je pouvais être considéré comme un employé. Beaucoup de Chinois étaient illettrés et devaient faire appel à une aide extérieure lorsqu'ils se trouvaient dans la situation de devoir rédiger une lettre ou une autocritique, de faire une réclamation ou toutes sortes de requêtes ou de plaintes. Cette activité me permit d'échapper quelque peu à la surveillance et au harcèlement que me faisait subir mon frère, et cette liberté de lire et d'écrire me rendit mon calme.

C'est très probablement vers la fin de ce même mois que ma nièce aînée, Maria Béata Zhou Xiaozhen, alors sœur de la Maison mère de la congrégation des sœurs du Sacré-Cœur de Marie, à Taïwan (Taïchung), m'écrivit une lettre par l'intermédiaire du père Bernard Hwang qui l'avait prévenue à mon sujet. Elle me donna de bonnes nouvelles de ses parents toujours en vie. Quatre mois plus tard, elle répondit à ma lettre datée du 18 avril, ce qui signifiait qu'il serait désormais tout à fait possible d'avoir un échange suivi avec eux. A la fin du mois de septembre de la même année, je reçus aussi une lettre en provenance de mon cinquième frère Philippe Zhou Zhimin. J'avais eu sept frères, mais aucune sœur. Mes second, troisième, septième et huitième frères moururent tous très jeunes, ainsi que l'aîné mort à vingt ans. Mes quatrième et cinquième frères ainsi que moi-même, le sixième frère et le plus jeune des trois, avions survécu. Mes parents étaient morts depuis longtemps et mon frère Philippe vivait à Taïwan avec toute sa famille depuis 1949. Après avoir eu de ses nouvelles, je pus enfin entrer directement en contact avec lui.

*

En analysant bien ma situation, j'eus la conviction de plus en plus certaine que ma demande d'autorisation de sortie du pays ne me serait jamais accordée. Mes raisons de le croire étaient alors les suivantes : j'avais été prisonnier pendant de longues années et je continuais à défendre mes idées premières contre la réforme religieuse après ma sortie de prison. De plus, l'incident avec l'archevêque Mgr Dominique Tang était encore tout chaud pour le parti communiste chinois, des secousses contre le Vatican ébranlaient encore à ce moment-là toute l'église patriotique de Chine, de sorte que mes chances d'obtenir gain de cause parurent en effet très minces.

Compte tenu de la situation, je songeais à réunir assez d'argent pour acheter une maison ce qui m'eut permis de quitter mon frère Jean-Baptiste et de vivre par moi-même, échappant ainsi à son emprise et me laissant voir venir les choses.

Le 4 septembre 1982, mon frère Philippe m'envoya une réponse négative refusant de me donner l'argent. Je fus surpris et décontenancé par son opposition si catégorique à mon projet, et surtout par la sévérité de ses critiques et de ses reproches. Sa réponse me secoua si fortement que j'en éprouvai un sentiment d'injustice qui me rendait incapable d'exprimer ma peine. Mais, à partir de là, je fus résolu à prendre mon courage à deux mains pour exposer sans détour aux pères Bernard et Félix mon souhait de quitter la Chine et de me rendre à Hongkong pour rendre visite à ma famille ainsi que pour obtenir des soins médicaux. Comme il y avait, toutefois, peu de chance que les autorités de Hongkong m'accordent un visa, il ne me restait plus que la solution de faire la demande pour les États-Unis.

Avec le total soutien de mon monastère bénédictin, situé maintenant à Valyermo en Californie, avec lequel je gardais un contact permanent par le biais des pères Bernard et Félix, et avec les encouragements de mon frère Philippe, le 23 janvier 1984, je me rendis d'un pas décidé au poste de la police locale pour présenter au bureau de la sécurité publique du district ma demande d'autorisation de sortie du territoire chinois pour aller aux États-Unis d'Amérique, avec pour motif d'aller rendre visite à des parents et obtenir des soins médicaux.

Le responsable du service n° 2 du bureau de la sécurité publique du district, monsieur Deng Shanghai ne fit aucune objection en examinant ma demande de passeport et ne chercha pas non plus à me créer des difficultés, il se montra au contraire très méticuleux à respecter la politique en vigueur.

Le 11 juillet 1984, lors de mon premier entretien, il me déclara :

« Ça va faire six mois bientôt que vous avez fait vos premières démarches. Les demandes pour l'étranger, et en particulier pour Hongkong et Macao, sont tellement nombreuses qu'il nous est impossible de les traiter toutes en même temps. Nous nous occupons de chaque cas par ordre d'arrivée des dossiers. C'est votre tour maintenant. La politique d'ouverture adoptée par le gouvernement ces dernières années donne le droit aux citoyens d'aller et venir, ce qui signifie qu'ils ont le droit de quitter et de revenir au pays librement. Toujours est-il que, pour qu'un dossier puisse être pris en considération, il faut réunir un certain nombre de documents et procéder à une enquête sur la situation du demandeur. Une fois tous les éléments rassemblés et évalués, nous faisons un rapport que nous remettons ensuite en haut-lieu où les décisions finales sont prises. »

Le 12 juillet, je retournai dans ce service pour remettre au même responsable tous les documents exigés qui venaient de me parvenir de l'étranger ainsi qu'un complément d'information concernant mon passé, ma situation familiale et sociale qu'il m'avait demandé de mettre par écrit. Après avoir répondu à toutes ses requêtes et rempli toutes les conditions, j'obtins cinq jours plus tard, l'autorisation de remplir le formulaire officiel de demande d'aller à l'étranger réservé aux ressortissants de la République Populaire de Chine. Il me fit comprendre que ma demande allait être immédiatement envoyée dans le service du bureau de la sécurité publique au niveau provincial pour être examinée et approuvée.

Au cours de l'examen de mon dossier effectué par le bureau de la sécurité publique du district, le problème de la réforme de l'Église catholique, loin d'être négligé, attira particulièrement l'attention du responsable. Il me le fit remarquer avec gravité et considérant ce point comme capital et déterminant pour la poursuite des démarches, il exigea quelques clarifications. Aussi, me demanda-t-il de mettre par écrit le fond de ma pensée et de donner quelques éclaircissements sur ce point précis.

Placé au pied du mur, je me retrouvais dans la position délicate de celui qui ne peut ni fuir ou esquiver ni faire volte-face ou accepter un compromis. Sans démordre de mes positions habituelles et gardant mon attitude de toujours, j'écrivis un petit exposé sincère empreint de politesse intitulé : « *Ma vision de la politique religieuse du parti et du gouvernement et mon attitude vis-à-vis de la réforme catholique des trois autonomies.* » J'essayais de sauvegarder mes principes tout en cherchant à éviter la provocation.

Avant d'écrire comme après, j'éprouvai un moment l'angoisse que toute cette affaire ne finisse par entraver mes démarches, voire ne les compromette définitivement. Mais le lendemain dans l'après-midi, le responsable accepta mon exposé et tandis qu'il l'examinait attentivement j'attendais son verdict. Après l'avoir lu, il resta silencieux sans manifester la moindre réaction puis il me demanda simplement de traduire de l'anglais en chinois tous les noms, adresses et l'essentiel des documents reçus des États-Unis d'Amérique et de joindre la traduction aux originaux sur des bandes de papier. Pour finir, il me demanda de lui rapporter au plus vite quatre photos d'identité. Lorsque je revins quatre jours plus tard muni de mes photos, on me remit enfin le formulaire de demande de visa de sortie.

Tout cela signifiait en d'autres termes que, pour le bureau de la sécurité publique et concernant le district, le principe de mon départ était agréé. Il ne me restait donc plus qu'à franchir la dernière étape de la vérification et de la ratification par les services de la Sécurité publique provinciale de Chengdu. Je débordais de joie et je ne pus m'empêcher de penser au proverbe chinois, *« Le ciel protège les êtres de bonne volonté ! »*

Selon mes déductions, les raisons qui permirent à ma demande d'aboutir furent les suivantes : même si j'avais été emprisonné de longues années et que j'étais resté après ma sortie de prison opposé au mouvement de réforme de l'Église, je n'avais pas pour autant cherché à entrer dans des actions contre ce mouvement ou dans des actions illégales. J'avais été respectueux des lois du pays ; de plus, je n'étais plus tout à fait jeune et j'avais la main droite handicapée. Ma relation avec mon frère n'était pas des plus conciliantes, c'est le moins que l'on puisse dire, j'étais sans travail et sans ressource. Je n'étais pas en mesure de me suffire à moi-même. Si je restais davantage en Chine, j'avais toutes les chances de me retrouver à la charge de l'État et de devenir ainsi un fardeau supplémentaire pour le gouvernement. Par ailleurs, j'avais un frère à l'étranger qui m'avait fait une lettre d'invitation officielle et un certificat écrit se portant garant à vie.

Le gouvernement communiste avait en outre forcément d'autres raisons de me laisser partir : il cherchait à reconstruire et à développer une économie encore dans une situation difficile, il cherchait à gagner l'adhésion, le soutien et la reconnaissance internationale. La politique des quatre modernisations supposait pour sa réalisation de faire systématiquement appel aux capitaux étrangers, aux sciences, aux techniques et aux équipements. Dans cette optique, il était indispensable de mener une politique d'ouverture toujours plus manifeste à l'intérieur du pays comme vis-à-vis de l'étranger. Il fallait donc autoriser ses ressortissants à aller à l'étranger pour rendre visite à de la famille, faire des études ou même tout simplement pour émigrer, à condition que tout fut fait dans les règles et la légalité.

Bien sûr, ce qui en fin de compte détermina le gouvernement communiste à prendre la décision de me laisser sortir fut que j'avais remis toutes les lettres et documents nécessaires, en particulier mon certificat de prise en charge, signé par un notaire américain, Sharon E. Robison, que le Dr Jean W. Birsner avait fait pour moi. Tout mon passé et mon présent furent examinés à la loupe ; mon point de vue sur la politique religieuse du gouvernement et en particulier mon attitude face au mouvement de réforme des trois autonomies de l'Église catholique furent clairement exposés comme il me l'avait été demandé, et l'ensemble fut jugé ouvert, ferme et franc.

Par conséquent, les cadres communistes agirent conformément à la ligne politique en vigueur, ou peut-être serait-il plus juste de dire qu'ils agréèrent ma demande par pure routine. Mais pour ma part, je fus submergé de joie au moment de recevoir mon passeport tant attendu. Le plus surprenant, c'est qu'il ne me fallut attendre que deux mois à compter du jour où j'avais remis tous mes documents. Ô Seigneur, j'avais envie de bondir et de sauter en l'air tellement j'étais heureux ; mais par-dessus tout, j'avais envie de graver en lettre d'or ton adorable miséricorde et ta toute-puissance, de chanter à tue-tête mon bonheur, et de crier au monde entier : « *Venez, écoutez, que je raconte, vous tous, qui craignez Dieu, ce qu'il a fait pour mon âme. Vers lui ma bouche a crié, l'éloge déjà sur ma langue.* » (Ps 66, 16-17)

别矣，祖國

七絕
一九八四年十一月二十七日
於上海

故國變天卅五冬，
風狂雨橫見蒼松。
陽關一唱心將碎，
天父何時降赤龍？

ADIEU, MON PAYS

Dans le style poétique « Qijue »
Shanghai, le 27 novembre 1984

Ô mon pays, ton ciel a changé
en trente-cinq hivers,
le pin vert a goûté
pluies amères et vents violents.
Au son de mon chant d'adieu
mon cœur se brise !
Quand donc notre père du Ciel
Domptera-t-il le Dragon ?

CHAPITRE IX

Obtention du passeport : départ

Septembre 1984

Le 17 septembre 1984 vers neuf heures du matin, l'agent chargé de superviser les enregistrements résidentiels de notre rue vint à la maison me prévenir à l'improviste que je pouvais aller retirer immédiatement mon passeport au bureau de la sécurité publique. C'était juste deux mois après avoir remis tous les papiers et rempli tous les formulaires exigés. Une prière pleine de joie et de gratitude me traversa alors l'esprit, *« Il est vraiment infini l'Amour du Seigneur, et sa puissance vraiment illimitée. Que son nom soit loué et béni à jamais ! »*

Le jour même, j'allais donc chercher mon passeport et le retirai tout heureux. On me demanda simplement de retarder d'un mois mon départ en raison de l'approche du 1er octobre, fête nationale de la Chine. Les festivités de Pékin attiraient pendant cette période beaucoup de visiteurs qui venaient de toute la Chine et de l'étranger. Tous les hôtels étaient combles et pour éviter d'aggraver la situation, le gouvernement central prenait des mesures préventives en envoyant des directives officielles à toutes les provinces et à toutes les municipalités sous sa juridiction immédiate pour que celles-ci limitent les déplacements des voyageurs ordinaires vers la capitale pendant cette période.

Pendant les trois semaines qui suivirent l'obtention de mon passeport, je consacrais mon temps à annoncer la bonne nouvelle ici et là tout en envoyant un tas de livres pour me précéder, faisant mes adieux aux amis et parents. Quand mon frère Jean-Baptiste apprit mon prochain départ, il fut très surpris et en même temps heureux et soulagé de savoir qu'il n'aurait plus la lourde charge de m'entretenir. Il pourrait désormais vivre plus tranquille et plus joyeux, et à l'approche de mon départ, il me manifesta une réelle affection pleine de chaleur.

Quatre jours avant de quitter Suining, je me rendis au bureau de la sécurité publique, comme prévu, pour recevoir les dernières recommandations de la part de monsieur Deng Shanghai, le responsable. Il insista sur les trois points suivants :

« *Quand vous parlez aux étrangers de la construction économique, ainsi que sur tout autre sujet, assurez-vous de dire la vérité et ne dites pas de bêtises. Mais bien sûr, nous ne craignons pas que vous parliez à tort et à travers! Deuxièmement, vous n'avez pas à divulguer nos secrets d'État. Enfin, bien qu'il vous soit permis d'avoir vos propres convictions et des réactions différentes des nôtres, vous devriez faire un effort pour bien comprendre et ne pas vous tromper sur la cohérence de la politique religieuse du Parti et du gouvernement à l'égard de l'Église catholique. Son but est d'éradiquer toute ingérence étrangère et de s'assurer que l'Église est contrôlée et administrée d'une façon indépendante par le peuple lui-même, par les Chinois eux-mêmes.* »

A aucun moment de son discours, ni par la suite, il ne me demanda de réagir ou de donner mon avis, il ne me réclama pas non plus la moindre promesse orale ou écrite pouvant garantir l'observation de ses instructions. De mon côté, il n'était pas question que j'aille m'imposer des barrières en donnant ma parole, *comme le ver à soie qui tisse son cocon*, alors qu'on ne me demandait rien. En insistant, il aurait pu à la rigueur me soutirer une promesse concernant les deux premiers points : la construction économique du pays et les secrets d'État.

Pour la simple raison qu'étant catholique sincère, je n'avais aucunement l'intention de vouloir donner une image fausse de la Chine continentale qui n'eut rien à voir avec la réalité. Je ne pouvais que me borner aux faits et discerner la vérité en faisant la part des choses. J'étais capable de discerner le vrai du faux avec clarté comme celui qui peut *distinguer les eaux du fleuve Jing de celles du fleuve Wei.*

La question des secrets d'État ne me concernait pas non plus. Tout d'abord, n'ayant jamais été membre du parti ou cadre du gouvernement communiste jamais je n'eus à aucun moment accès à leurs documents classés secrets, et jamais je ne fus non plus dans la situation de pouvoir prendre connaissance du contenu de leurs rapports ou secrets internes. Tout ce que je savais, je l'avais appris sur les panneaux d'affichage publics et dans les journaux qui divulguaient des informations officielles ouvertes à tous, y compris aux étrangers. Mais surtout, que pouvais-je avoir appris après avoir passé un quart de siècle dans leur prison ? Peut-on véritablement appeler « secret » ce que tout le monde sait pertinemment ? En fait, mon cas ne représentait pas fondamentalement un danger particulier. Mais quant à lui, le responsable, il se devait de remplir toutes ces formalités et ces procédures gouvernementales.

Ses recommandations durèrent environ une demie heure, puis nous nous sommes séparés en bon terme, nous souhaitant mutuellement bien des choses, espérant même nous revoir un jour. Les autres cadres, qui se tenaient dans les parages, tinrent aussi à me souhaiter un bon et agréable voyage.

L'instant historique tant attendu de ma vie était enfin arrivé. Le matin du 7 octobre 1984, avant l'aube, je fis mes adieux à la famille de mon frère et je quittais Suining par le premier car qui se rendait directement à Chengdu. En route vers de beaux horizons, je commençais le merveilleux voyage qui devait me conduire par-delà l'océan.

Les trois années de résistance, avec ses hauts et ses bas, menées de front avec les alliés de l'église patriotique et indirectement avec ceux qui les dirigeaient, le parti communiste chinois, se soldèrent finalement par une défaite cuisante pour la partie adverse. L'ingénieux complot tramé par la clique du père Huang Woze tomba irrémédiablement à l'eau et leur doux espoir partit en fumée. Cette défaite laissa certainement une trace indélébile dans leur cœur et ne fit qu'ajouter une page désolante de plus à leur histoire. Mais maintenant encore, je continue à prier le Seigneur plein de miséricorde afin qu'il leur accorde le pardon et les mène vers un chemin de conversion, sur la voie de la vérité.

Quand j'arrivai à Chengdu, bien des événements du passé refirent surface me suggérant toutes sortes de sentiments contradictoires.

Le prieuré, rue Yangshi,
mon foyer où j'ai passé huit printemps ;
la cathédrale, rue du Pont de la Paix,
où j'ai adoré si souvent.

Le collège, passage Shude,
où oblat, j'ai vécu trois automnes ;
la petite maison, rue Changshun,
où plein d'idéal, j'ai lutté deux ans avec le loup.

Le temps passe ;
Chengdu a changé.
Ces lieux que j'aimais
où sont-ils passés ?

En prison, rue Ningxia,
et rue Wensheng,
contre vent glacial et givre
j'ai combattu trois hivers.

Dans le désert de la banlieue nord,
et près du champ de course de l'Ouest
j'ai lutté deux étés
contre soleil torride et chaleur humide.

Toutes ces images d'hier
encore vivantes aujourd'hui !
Tous ces sentiments enfouis,
sans mot pour les dire !

A la chaumière de Du Fu dans la forêt de Bambou,
au temple de Zhuge Liang, parmi les cyprès émeraude,
combien de visiteurs enchantés
au point d'oublier de s'en retourner ?

Au monastère Wenshu, dans la ville,
au temple Zhaojue en dehors de la ville,
combien de pèlerins, bons et sages,
brûlent de l'encens et rendent hommage ?

Mes amis et connaissances
sont dispersés ou morts ;
pourquoi est-ce si difficile
de revoir ceux restés fidèles ?

Le ciel de la « ville des brocarts »
est couvert de grands nuages lugubres ;
pas même un bon ami pour m'héberger,
à l'hôtel j'ai dû loger !

Quand je compare le passé, le présent
et quand je songe à l'avenir,
comment ne pas soupirer ?
ne pas être désolé ?

Reverrai-je la ville encore ?
Comment savoir ?
Partagé par une foule de sentiments,
je sens mon cœur affligé !

Le 10 octobre vers minuit, j'arrivai à Pékin par avion de Chengdu. Je n'allai pas avant la fin du mois au consulat américain pour faire ma demande de visa, n'ayant pas reçu encore les six pages de document du docteur Jean W. Birsner que le bureau de la sécurité publique de Suining avait promis de me renvoyer et je dus donc patienter. Quand je les reçus enfin, je me rendis aussitôt au consulat, rue Xiushuihe Est, où je me fis refouler d'une façon totalement inattendue. Le vice-Consul américain m'expliqua et me mit par écrit la raison suivante : « D'après l'entretien qui a été effectué et les documents que vous nous avez remis, il apparaît que vous n'avez pas d'attaches suffisantes avec la Chine susceptibles de vous obliger à quitter les États-Unis à la fin de votre séjour. » Immédiatement, j'envoyais une lettre avec toutes les explications et un formulaire de demande de visa au père Bernard Hwang Kuo-wei dans l'Orégon, lui demandant de me sortir de ce mauvais pas. Mon monastère, établi à Valyermo, et le père Vincent de Paul Martin, aidés du docteur Jean W. Birsner, ami intime du monastère, qui avait pris en charge ma sortie, intervinrent. Quinze jours plus tard, un appel du consulat m'invitait à me présenter immédiatement. Sans attendre, je me précipitai de nouveau sur place, où, pour mon plus grand bonheur, on me délivra mon visa d'entrée pour les États-Unis.

Pendant ces quarante-sept jours passés à Pékin, en plus de mes démarches pour obtenir mon visa, le cœur paisible et heureux, j'occupais mon temps à lire les quotidiens placardés sur les panneaux des rues, je parcourais des magazines et j'allais lire des livres dans les bibliothèques municipales, j'essayais de me procurer dans les librairies des livres pouvant m'être utiles, je flânais en touriste et j'allais visiter des sites historiques et des endroits pittoresques. Dans le grand hall de la poste voisine de mon hôtel, j'écrivais des lettres à ceux qui m'avaient soutenu pendant toutes ces rudes années, et je continuais à composer des poèmes. Bien des pensées me traversaient l'esprit et mon cœur bouillonnait au plus profond de mon être.

Oh ! Grande Muraille, si magnifique !
Avec tes positions stratégiques,
redoutable forteresse !
Depuis plus de 2000 ans
tu sais le vent et le givre.
En marchant sur tes hauts murs,
la tristesse m'accompagne
de te savoir au service
du marxisme-léninisme !

Oh ! Palais Impérial, majestueux et éclatant !
Tu as survécu aux dynasties Ming et Qing,
beau et fort !
Mais tu es entre les mains des partisans de Mao Zedong,
Et je soupire en te regardant !

Oh ! vaste place Tiananmen !
Quand je regarde ta tour de garde,
et que j'observe ce qui t'entoure,
je vois que ton vrai maître est toujours le fantôme
de celui qui est étendu près de toi
dans son sarcophage de cristal !

Oh ! Colline parfumée, couverte de feuillage rouge !
Avec tes temples et pagodes, tes sommets et tes pics
dressés comme du jade, beaux et gracieux ;
en me promenant j'apprends que tu as été
aux premières heures du régime
le palais secret de la cour impériale rouge
des communistes chinois (février 1949-février 1950) !

En me promenant dans la rue Wangfujing,
j'aurais aimé demander aux passants :
« Où allez-vous ? »
Flânant le long de l'avenue Chang'an,
j'ai envie de savoir :
« Les gens sont-ils heureux dans leurs cœurs ? »

Oh ! cathédrale, où siégea feu le cardinal,
Son Eminence Thomas Tien Keng-hsin !
Tu as été enfouie sous le bruit et les cris.
A cause de la difficulté à savoir
où tu te trouvais,
je ne suis pas venu te pleurer
de tout mon cœur !

Oh ! père Matteo Ricci,
ton renom restera en Chine à jamais !
Ayant entendu parler trop tard de ta tombe,
j'ai laissé passer une occasion en or
d'aller en pèlerinage te rendre hommage !

Pendant les sept semaines
passées dans la fameuse cité,
tout semble me sourire.
Une seule ombre reste :
c'est d'avoir manqué la cathédrale et l'ancienne tombe !

Au milieu d'agréables moments,
c'est un regret
qui restera gravé dans mon cœur !
Mais maintenant en repensant au passé
sur l'autre rive lointaine
la lassitude, seule, me reste !

抵美國

七絕
一九八四年十一月二十七日
於洛杉磯

大洋彼岸慶飛臨，
美夢成真喜詠吟！
偉大國邦良貢獻：
宏圖壯志滿胸襟！

ARRIVÉE AUX ÉTATS-UNIS D'AMÉRIQUE

Dans le style poétique « Qijue »
Los Angeles, le 27 novembre 1984

Survolant le vaste océan,
j'atteins heureux l'autre rivage ;
En voyant mon rêve se réaliser,
je compose de joie un poème !
Je salue cette grande nation :
Que son cœur nourrisse de nobles espérances
et de grands idéaux !

CHAPITRE X

Chants de triomphe

27 novembre 1984

Quel jour inoubliable ! C'était par une de ces journées particulièrement belles du commencement de l'hiver à Pékin, où le soleil est encore chaud et le vent doux et que le paysage resplendit de beauté et d'enchantement. Toute la ville semblait fredonner le vieux refrain d'un cantique d'adieux. Et pourtant quelque chose me retenait comme un air de nostalgie.

Vers onze heures ce matin-là, l'avion décolla à l'heure prévue. Assis tranquillement dans mon siège, je m'envolais en direction du sud. Je fus pris d'une vague d'émotion lorsque j'ai aperçu au sol la capitale. Toutes sortes de pensées et de sentiments me traversaient de part en part l'esprit et le cœur. J'étais en train de quitter mon pays, mon si grand et mon si beau pays !

Au bout d'une heure et demie, notre avion atterrissait sans encombre à Shanghai, les douanes chinoises devaient y effectuer un dernier contrôle et je craignais qu'ils ne me fouillent entièrement. J'avais sur moi mes deux petits carnets remplis de notes personnelles, de documents précieux et de nouveaux poèmes que je ne voulais pas me voir confisquer ou utiliser comme prétexte pour me retirer mon passeport ! Par chance, aucune vérification n'eut lieu, excepté un dernier contrôle sur mes papiers au cours duquel l'un des douaniers fit remarquer que le certificat de mon permis de sortie agrafé à mon passeport n'était pas valable. J'expliquais qu'il m'avait été impossible de retourner à Chengdu pour obtenir le bon document des services de ma province natale, faute de temps et de moyens. Grâce à l'intervention d'un autre douanier qui prit ma défense, mon « certificat » de permis de sortie fut finalement accepté et enregistré, Dieu merci ! La dernière barrière qui me retenait derrière le *rideau de bambou* venait de tomber !

Adieu, drapeau rouge !
Adieu, chaînes et menottes !
Au revoir, rideau de bambou !
Au revoir, prison obscure !

Comme des chien enragés
Vous aboyez à la fois contre Dieu et l'homme !
Comme une fournaise ardente,
vous brûlez le jade comme la pierre !

D'année en année,
trempée et retrempée,
la fidélité a grandi dans le creuset
devant le Seigneur !

A cette heure du départ,
qu'ai-je à offrir à mes amis ?
Gratitude ou indignation ?
Ils le savent eux-mêmes !

*

L'arrivée de nuit à Tokyo fut féerique avec des dizaines de milliers de lumières qui scintillaient sur la ville, plus lumineuses encore et plus nombreuses que les étoiles du firmament. Au cours de l'escale, les voyageurs à destination de Los Angeles durent changer d'appareil. Bientôt notre nouvel avion décolla dans la nuit en direction des lointains rivages à l'ouest du Nouveau Monde, plongeant dans les profondeurs de l'obscurité pour gagner les premières lueurs de l'aurore naissant. Quand la nuit se dissipa, se profilèrent à l'horizon les premiers rayons du matin. Dans sa douceur, le soleil s'élevait lentement et à l'instant d'atteindre son point culminant, je vis apparaître enfin les terres du pays libre dont j'avais tant rêvé. Quand l'appareil de la Pan Am survola l'aéroport international de Los Angeles, il était approximativement la même heure et le même jour que lorsque nous avions quitté Pékin.

Une passagère, madame Linda Cleman, m'aida à remplir les formalités d'arrivée et à téléphoner. Après s'être bien assurée que tout fut en ordre, elle me fit ses adieux et prit congé. Trois de mes frères bénédictins arrivèrent au bout de deux heures pour me prendre en voiture. En les apercevant, je ne les avais pas reconnus, n'ayant pas eu directement le père Bernard Hwang au téléphone. Comme convenu dans sa dernière lettre, reçue juste avant mon départ de Pékin, ce serait le docteur Jean W. Birsner qui viendrait probablement m'accueillir à l'aéroport et qui s'occuperait de vérifier mon état de santé. Quand je vis s'avancer le père Gaétan Loriers avec ses cheveux tout blancs, je le pris pour le Dr Birsner. Je ne réalisai pas que j'avais affaire à mon propre frère du monastère de Chengdu, qui avait été expulsé de Chine et que je n'avais pas revu depuis trente-deux ans !

Notre frère, le père Denis Molaise Meehan, un moine irlandais âgé de soixante-dix ans, me dit gentiment : « *Tu es en sécurité et tranquille maintenant, tu ne risques plus rien !* ». Quand je lui montrai mon passeport, il me passa la main amicalement sur la tête en ajoutant : « *Tu ne retourneras jamais en Chine continentale !* ».

Le frère Dominique Guillen se dépêcha de transporter mes bagages jusque dans la voiture et prit soin de moi tout le long du trajet y compris lorsque je fus pris d'une soudaine envie de vomir à cause de la route.

Peu de temps après avoir regagné le monastère, à Valyermo, notre prieur, le révérend père Jean Borgerding, les prêtres et des frères de la communauté, ainsi que des employés et des visiteurs, m'avaient préparé un accueil très chaleureux. Dans la soirée, à l'heure du dîner, notre Prieur me renouvela son accueil avec bonté. Le lendemain midi, il célébra une messe d'action de grâce au Seigneur, suivie d'un grand repas en présence de nombreux invités.

Et c'est ainsi que se terminaient mes trente-trois années de combat spirituel, par la réalisation de mon rêve si cher et tant désiré de quitter la Chine pour rejoindre ma communauté monastique. Ma joie fut à son comble et j'eus du mal à contenir mon émotion. J'eus l'impression de connaître le même bonheur et les mêmes honneurs que reçut à sa sortie de prison le patriarche Joseph de l'Ancien Testament, quand il fut comblé de bénédictions et nommé premier ministre en Égypte. Et de ma voix résonnait un chant de triomphe et de reconnaissance au Seigneur : « *Comme ta Providence et ta bonté sont merveilleuses ! Que ton nom soit béni à jamais ! Et joie éternelle à ceux de mon pays et d'ailleurs qui te restent fidèles sous la persécution religieuse et se montrent courageux dans l'épreuve !* »

PREMIER NOUVEL AN AUX ÉTATS-UNIS D'AMÉRIQUE

Dans le style poétique « Qilu »
Prieuré St André, le 1er janvier 1985

C'est la fête du Nouvel An
dans ce lieu ensoleillé,
et dans ce havre de paix
j'ambitionne quelques projets

Je veux être assidu
à l'anglais et aux Écritures,
me dévouer corps et âme
à une vie de ferveur et de prière.

A tous ceux qui m'entourent
j'offrirai mes poèmes conservés dans mon cœur
et pour chanter l'amour du Seigneur,
de mon combat j'écrirai l'histoire.

Le chaud soleil dans le ciel bleu
brille sur la terre enneigée.
Une nouvelle page de ma vie s'écrit
et je guette l'avenir qui m'attend !

DEUXIÈME PARTIE

MUSIQUE DANS L'AIR

PROLOGUE

Bon Jésus, « *Tu as changé mon deuil en allégresse, Tu as dénoué mon sac et Tu m'as vêtu d'un vêtement de joie* » (Ps 30, 12) Ce n'est que grâce à ton adorable bienveillance et à ton secours que j'ai pu me remémorer et entreprendre de raconter l'histoire de mon combat. Seigneur, Dieu omniscient, tu scrutes et connais toutes choses *aussi clairement qu'il est possible de connaître les lignes de sa main*, comme dit l'adage chinois. Tu sais mieux que moi la sincérité et la véracité avec laquelle je confie le récit de mes trente-trois années de lutte. Il n'y a aucune exagération ni aucune invention. J'ai essayé de traduire de mon mieux les sentiments, les pensées et les impressions tels que je les ai vécus sur le moment.

J'ai le sentiment que c'est mon devoir de partager avec tous l'amour miséricordieux et la toute-puissance que tu as manifestés dans la vie du pauvre pécheur que je suis, afin de ramener vers toi des êtres qui ne te connaissent pas et ne croient pas en toi, et de conforter aussi ceux qui croient en les aidant à mieux te connaître et à t'aimer davantage. Si cela pouvait contribuer à te glorifier, avec le Père et le Saint-Esprit, ce serait pour moi un grand honneur et je serais alors comblé de joie.

Avec ton grand apôtre saint Paul, j'ai envie de dire, « *C'est par la grâce de Dieu que je suis ce que je suis.* » (1 Cor.15, 10) C'est vraiment par ta miséricorde et toute bonté qu'il m'a été possible de soutenir si longtemps, et jusqu'à la victoire finale, ce combat pénible et interminable. Tu as été mon seul guide et mon soutien fidèle. A l'instar du Docteur de ton Église, saint Alphonse de Liguori qui a dit, « *Sans toi Dieu peut sauver d'autres personnes, mais sans toi, Il ne peut pas te sauver toi-même!* », en toi j'ai mis toute ma confiance, et je désire t'apporter tout mon concours.

Pour compléter mon récit et pour offrir à mes lecteurs une approche plus intime de mon cœur, j'aimerais ajouter une dernière réflexion en guise de conclusion. Cette touche finale donnera, je l'espère et je le crois, *le dernier coup de pinceau qui dessine les yeux du dragon peint sur le mur,* comme dit le proverbe chinois!

CHAPITRE XI

Clés pour la victoire

Seigneur, tu es l'origine de toutes choses. C'est toi qui nous crées, nous donnes notre pain, et nous fortifies. Nous ne pouvons pas nous séparer de toi un seul instant. Pour vivre et exister, nous devons nous appuyer sur Toi. C'est une certitude absolue car il ne fait aucun doute que notre corps visible et notre vie temporelle dépendent entièrement de toi, comme il est encore plus évident, vrai et incontestable de le dire pour ce qui touche notre âme invisible et notre vie surnaturelle.

Tu es la source d'où jaillit la vie que nous recevons. Dans l'affrontement, tu es la force sur laquelle nous nous appuyons pour faire face. Cette source, cette force, nous est prodiguée en permanence et de bien des manières, afin que jamais nous ne soyons dans la crainte de manquer, mais qu'au contraire nous soyons toujours dans l'abondance, que ce soit dans notre vie quotidienne, dans notre travail ou encore dans les combats. Oui, vraiment ton secours nous accompagne toujours et partout.

Bon Jésus-Christ, tu es la véritable force de mon combat et la clé de ma victoire. Ce n'est que par la confiance que j'ai pu, en luttant pour la vraie foi, essuyer des revers sans me décourager, vaincre sans sombrer dans l'orgueil ; que j'ai pu à chaque fois trouver la force de poursuivre, celle de reprendre le dessus avec courage, de passer à l'offensive et finalement celle de triompher de l'adversaire. Ce grand idéal et cette détermination résolue que tu m'accordais sont illustrés d'une manière vivante dans le dixième des treize poèmes du célèbre poète Tao Yuanming (365-427 ap. J.C.) intitulés : « *En lisant le Shan Hai Jing (Le classique des Monts et des Mers)* ». Le poète y loue la volonté inébranlable et l'esprit d'endurance dans la lutte de Jing Wei et Xing Tian, personnages légendaires des grands classiques de la littérature chinoise qui périrent tragiquement.

« *L'oiseau mythique, Jing Wei,*
transporte dans son petit bec
brindilles de bois et petits cailloux,
pour remplir la mer d'Orient.

Le vaillant Xing Tian
brandit son bouclier d'une main,
et sa hache de l'autre,
pour préserver à jamais son grand idéal ! »

1 – La prière attire la grâce divine

Seigneur, au cours de ton pèlerinage sur la terre, tu nous as laissé un modèle divin de prière. Au jardin de

Gethsémani, la veille de Ta mort quand tu priais ton père, tu t'adressas à l'apôtre saint Pierre, et à travers lui tu nous exhortais d'un cœur angoissé et d'un ton solennel à *« Veillez et priez pour ne pas entrer en tentation. Car l'esprit est ardent mais la chair est faible. »* (Mt 26, 41).

Certainement, la prière dans notre vie surnaturelle et spirituelle n'est pas un accessoire que l'on utilise au gré de nos convenances. C'est avant tout un élément vital qu'il ne faudrait jamais négliger ni sous-estimer. C'est le canal par lequel nous pouvons nous approcher toujours plus près de toi, et par lequel tu nous infuses ta grâce, nous comblant de tes bienfaits intarissables pour nous fortifier et nous rendre aptes à recevoir la nourriture et la force dont nous avons besoin pour notre vie surnaturelle. Si cela est vrai en temps ordinaire, combien plus encore est-ce vrai à l'heure du combat spirituel.

Au cours des trois différentes périodes où je passais des mois et des années au cachot, ce fut à chaque fois des occasions merveilleuses pour la méditation et une chance inestimable de goûter pleinement la douceur de la prière.

Même s'il arrivait souvent que ma prière quotidienne tombe dans la routine, comme lorsqu'on lit un texte machinalement, sans garder toute mon attention, dans ta bonté infinie, Seigneur, tu continuais à répandre quand même sur mon âme par le canal de la prière, une pluie incessante de grâces capable de me soutenir dans ma vie et mon combat pour toi. Tu m'as traité selon ta promesse annoncée dans l'Évangile, *« Demandez et l'on vous donnera ; cherchez et vous trouverez ; frappez et l'on vous ouvrira. »* (Mt 7, 7)

2 – Le Calendrier liturgique est un guide

Seigneur, tu es le centre et l'idéal de notre vie. Nous ne pouvons pas vivre sans toi. Et nous devrions souvent nous inspirer de cette vie humaine exemplaire que tu as menée au milieu de nous et pour nous. Pour nous y aider, ton Église met à notre disposition son calendrier liturgique avec les fêtes principales de ta naissance et de ta Résurrection au centre, entourées de toutes les fêtes consacrées à ta sainte Mère, à tous les anges et à tous les saints.

Le calendrier liturgique joue un rôle irremplaçable dans la vie quotidienne d'un catholique. Il trace des repères tout au long de notre voyage vers la vie éternelle. Son importance est mise en lumière par le dicton plein de sagesse qui s'est répandu parmi les premiers catholiques chinois et qui s'est transmis de génération en génération : *« Trois jours sans consulter le calendrier liturgique, c'est perdre une grande partie de son âme ! »*

Et ce fut, en effet, une chance pour moi d'avoir assimilé dès mes plus jeunes années le sens de l'année liturgique. Elle était gravée en moi. Je me souvenais très bien que la fête de Noël tombait le 25 décembre, et je savais aussi que la fête de Pâques était mobile et tombait le premier dimanche après la pleine lune qui arrivait juste après l'équinoxe du printemps, le 21 mars. De plus, j'avais été très marqué par les grandes fêtes en l'honneur de ta sainte Mère et en l'honneur des autres saints.

En prison, vers la fin de l'année, je m'arrangeais pour acheter le calendrier de l'année suivante. Je calculais le jour exact de la Résurrection ainsi que les dates de toutes les autres fêtes mobiles en les adaptant au nouveau calendrier. Je notais tous ces jours de fêtes, ainsi que toutes les dates fixes des autres fêtes, pour pouvoir comme autrefois te suivre pas à pas, jour après jour, partageant ainsi avec toi joies et tristesses tout au long de l'année. Ainsi, toute ma vie était rythmée au pas de ta sainte Mère et de toute l'Église, ce qui permettait à ma foi vive et à ma volonté combative de se ressourcer et d'être affermies.

3 - La Bible et la philosophie éclairent la pensée

Grâce au don que tu m'as fait de ma vocation j'ai pu étudier la Bible, l'histoire de l'Église et la philosophie. J'ai pu poursuivre mes études jusqu'à la veille de la terrible tempête politique. De ce fait, j'ai eu la chance insigne d'acquérir des notions de métaphysique et de comprendre les enseignements que tu nous as laissés à travers les saintes Écritures et l'Église.

Tu es le Principe ultime, la Sagesse suprême, l'Origine de toute chose, le Premier mouvement, la Vérité absolue, la Bonté insondable, la Miséricorde infinie et la Force invincible. De toute éternité, tu disposes toutes choses et tu les ordonnes. Ces principes philosophiques fondamentaux ont été profondément imprimés dans mon esprit. Ils me permettent de reconnaître et saisir les choses et les événements de la vie.

Même en me jetant à genoux aux pieds des cadres communistes, si tu avais décidé de me laisser mourir en prison ou sous la torture, comment aurais-je pu échapper à ma destinée ? De même, si ta volonté était que je ne meure pas à force de mauvais traitements, comment les cadres de la prison auraient-ils pu m'ôter la vie ? Ils ne pouvaient rien faire de plus que ce que tu avais prévu pour moi. En l'occurrence, ils ont finalement bien été obligés d'assister à ma sortie de prison « le sourcil froncé et l'œil froid », comme dit l'expression chinoise, et de me laisser traverser le rideau de bambou la tête haute et la poitrine en avant.

Tu m'as très clairement enseigné à travers les paroles du psalmiste, « *Mes temps sont dans Ta main,...* » (Ps 31, 16). Et je n'ai pas oublié Ton exhortation dans l'Évangile, « *Cherchez d'abord Son Royaume et Sa justice, et cela vous sera donné par surcroît.* » (Mt 6, 33)

Lorsque j'étais en prison, j'ai compris que ce que tu appelles « justice » ou « sainteté » n'est rien d'autre que la « fidélité » que je te dois. Que je devais simplement préserver cette fidélité et la vivre aussi parfaitement que possible. Et qu'un jour tu me récompenserais d'une double moisson à la fois matérielle et spirituelle, que tu ferais en sorte, selon les termes du philosophe chinois Mengzi (372-289 av. J.C.), que « *les nuages s'unissent pour déverser une pluie féconde* » sur mon corps et mon esprit meurtris, afin qu'ils soient enfantés à la vie nouvelle de la Résurrection avec toi.

Ces vérités éternelles et principes fondamentaux expliquent le vrai sens de la vie. Enracinés au plus profond de mon cœur et de mon cerveau, ils ont rendu mon discernement plus incisif, et ma détermination plus vive et audacieuse, générant vigueur et vitalité. Les jours les plus rudes et les plus pénibles, ils m'ont apporté un grand réconfort et m'ont maintenu dans la joie, la foi et l'espérance. Quand des cadres communistes ou des codétenus me raillaient en me répétant une parole écrite depuis longtemps dans les psaumes : « *Où est-il ton Dieu ?* » (Ps 42, 4), Ô Seigneur, forcément j'en étais réduit à n'avoir « *pour seul pain, que mes larmes* ». Cependant, je restais maître de moi-même et je continuais à réciter les psaumes et à composer des poèmes, chantant Tes louanges en Grégorien.

Comme les exilés de Jérusalem, « *au bord des fleuves de Babylone nous étions assis et nous pleurions, nous souvenant de Sion* » (Ps 137, 1), et je ne pouvais m'empêcher de me demander, « *Comment chanterions-nous un cantique de Yahvé sur une terre étrangère?* » (Ps 137, 4) dans un pays où Dieu est exclu et où j'étais moi-même tenu en captivité? Pourtant même dans ces temps de tristesse, je conservais toute ma ferveur. Bien que placé dans un cachot, complètement à l'écart du reste du monde, avec ma main mutilée et l'accompagnement du cliquetis de mes fers aux pieds, je trouvais la force de t'écrire un acte de Foi de plus de dix mille caractères et de te chanter à ma façon un *Hymne à la vie.* Je ne me laissais pas pour autant entraîner par les pensées sur la vie ou la mort ou sur le bonheur ou le malheur!

Oui, Seigneur, tu as vraiment formé mon esprit et ma volonté par la Foi, l'étude de la philosophie de l'Église et par les enseignements des Écritures. Ainsi, j'étais capable de discerner la vérité et de distinguer entre le bien et le mal, j'étais en mesure d'affronter vents et marées et de prendre en main mon destin pour avancer vers les rives éternelles, en chantant des hymnes de combat jusqu'à la victoire finale.

4 - Écrire stimule la volonté

Au départ, les domaines de la poésie et de la prose m'étaient inconnus. Quant à prétendre posséder des aptitudes, il n'en était même pas question. Pourtant, Seigneur, tu voulais que j'apprenne tout en écrivant, me laissant découvrir ma voie à tâtons. Il ne m'était jamais venu à l'esprit que, sous ton inspiration secrète et avec Ton aide, malgré mon crayon fragile et ma main handicapée, que tout ce que je concevais et enfantais par l'écriture allait prendre, peu à peu, une telle proportion, comme l'eau accumulée goutte à goutte pour former une mare. De plus, tu as surtout transformé mes compositions, non seulement celles que j'avais mises sur papier mais aussi toutes celles que j'avais en tête, en une arme puissante capable de résister à l'adversaire et de défendre la vérité tout au long de ma lutte. Oui, en effet, mes écrits ont joué un rôle en réparant les outrages et en te rendant gloire. Dans les moments de lutte difficile, ils se sont révélés décisifs pour moi et ont eu une influence sur les autres qu'il ne faut pas sous-estimer.

Au début du mois de novembre de l'année 1951, le bruit des roulements de tambours de combat commençaient à envahir les rues de Chengdu, j'avais eu l'audace de lire à l'occasion d'un procès public du quartier ma déclaration sans concession que j'avais préparée pour ta défense et celle de ton Église. En août 1952, c'était le tour de ma lettre ouverte adressée au clergé et aux fidèles de l'Église en Chine. Ensuite, j'avais rédigé mon manuscrit *Du Paradis au Purgatoire.* J'avais en même temps écrit un certain nombre de lettres destinées à réconforter, encourager et soutenir des amis qui, comme moi, se battaient pour la vraie foi. En décembre 1956, pour corriger la faute commise dans ma *confession* du début de ma détention, j'avais remis aux autorités du centre de détention n° 2 de Chengdu un exemplaire de mon *Résumé de mes pensées de 1956* qui avait été écrit dans le but de rétablir la vérité. Un an plus tard, j'écrivais de nouveau un long *Mémorandum.* Durant mes deux premières années passées au cachot, les fers aux pieds, j'avais remis aux autorités de la prison provinciale n° 1 de Nanchong, ma « déclaration en neuf points » en guise de profession de foi irrévocable. Enfin, j'avais chanté pour Toi mon *Hymne à la vie.*

A partir du milieu de l'été de 1966, je pénétrais courageusement dans le jardin sacré de la poésie classique chinoise. Je commençais alors à chanter le vent et la lune avec mes propres poèmes, et au lieu de freiner mon inspiration poétique, je lâchais la bride et la laissait jaillir spontanément comme un cheval emballé ou comme une eau indomptable qui surgit brusquement d'une digue qui vient de se rompre. Bien que maladroits, anarchiques et peu nombreux au début, mes poèmes s'accumulèrent rapidement au point d'atteindre le chiffre de 2600 poèmes au bout de seize ans d'efforts.

J'ai fini par prendre conscience que tout ce que j'avais écrit et pensé n'avait pas uniquement servi pour les autres, mais aussi pour moi-même. Ça n'avait pas seulement servi à faire réagir les autres, mais ça m'avait poussé moi-même à agir. Tous mes écrits, en particulier mes déclarations et beaucoup de mes poèmes, avaient été plutôt une sorte de signal d'alarme et de stimulant pour les autres et moi-même, surtout dans mes moments d'incertitude. Ils ont été comme un miroir m'aidant à refléter ma conscience qui m'obligeait à ne pas m'écarter de la voie de tes commandements, me donnant l'impression *d'approcher un abîme profond* ou *de marcher sur une fine couche de glace*, comme dit l'expression chinoise. Sans aucun doute, Seigneur, mes déclarations et mes poèmes ont contribué à me rapprocher de toi, en aiguisant ma vigilance du matin au soir et en redressant sans cesse la combativité de mon esprit. Ils ont contribué à développer ma force de résistance et ils ont renforcé ma certitude dans la victoire. Un sage chinois de la dynastie des Zhou (1 122-256 av. J.C.) nous a laissé un dicton inoubliable sur ce sujet, « *La voie qui conduit à la gloire commence par l'intégrité morale, elle réside en second lieu dans le dévouement, et en tout dernier lieu, dans l'écriture.* » L'apôtre saint Paul, ne disait-il pas la même chose quand il écrivit : « *Quand je parlerais les langues des hommes et des anges, si je n'ai pas la charité, je ne suis plus qu'airain qui sonne ou cymbale qui retentit.* » (1 Co 13, 1)

5 – Avoir le cœur sur ses gardes

Seigneur, par l'exemple lumineux du sacrifice courageux et généreux de ta propre vie, tu m'as donné la force de lutter et de souffrir pour toi. Je me remémorais les innombrables martyrs du passé qui se jetaient pour toi dans la fournaise ou qui plongeaient dans l'huile bouillante, *les uns montant sur la brèche alors que d'autres s'effondraient*. Leurs actions héroïques m'ont toujours stimulé et soutenu sous la torture, m'encourageant à te rendre témoignage et me donnant de la mort l'image plutôt rassurante d'un retour joyeux vers mon foyer.

A côté de tous ces beaux exemples qui ont étonné les anciennes générations et font l'admiration des nouvelles, et qui m'ont remué jusqu'au fond de l'âme, tu m'as montré aussi des exemples contemporains pitoyables et affligeants. Par ce biais, tu m'enseignais à garder en permanence la tête froide dans le combat, sans jamais baisser la garde, restant toujours aux aguets et prudent, *la lance sur l'oreiller en attendant le point du jour*, comme dit le dicton chinois. En fin de compte, tu m'as donné le désir de me battre, *d'aller arracher la bannière ennemie et de mettre en déroute l'adversaire*. En même temps, Seigneur, tu faisais naître en moi le désir de composer des poèmes pour te louer du milieu du tumulte de l'ennemi.

CHAPITRE XII

Pourquoi gagne-t-on ?

Seigneur, tu es le Principe de Vie, « Celui qui est ». Tout ce que nous possédons et tout ce que nous sommes vient de Toi. St Jean l'exprime parfaitement au tout début de son Évangile,

« *Au commencement était le Verbe*
et le Verbe était avec Dieu
et le Verbe était Dieu.
Il était au commencement avec Dieu.
Tout fut par lui,
et sans lui rien ne fut. » (Jn 1, 1-3)

De ta propre bouche, tu nous as laissé aussi l'enseignement suivant,

« *Je suis la vigne ;*
vous, les sarments.
Celui qui demeure en moi,
et moi en lui,

celui-là porte beaucoup de fruits ;
car hors de moi vous ne pouvez rien faire. » (Jn 15, 5)

Non seulement ma vie dépend de toi, Ô Seigneur, mais aussi tous les détails de mon existence. Oui, c'est uniquement grâce à la confiance que j'avais en toi que j'ai pu tenir si fermement et si longtemps et finalement surmonter cette épreuve douloureuse et peu ordinaire. C'est ta miséricorde qui m'a permis de quitter ma tenue de combat pour revêtir mon habit monastique et qui me permet aujourd'hui d'assister chaque jour à la messe, de recevoir la sainte communion et de dire les offices divins aux heures fixées. Ce n'est que grâce à ton adorable bienveillance que je peux jouir aujourd'hui de la douce lumière printanière du sud californien et de la paix de cette pièce toute propre où je me tiens. Je te dois tout ça. Il est certain que dans ma victoire sur les forces des ténèbres ton Amour miséricordieux a été le facteur décisif et le principe directeur.

Dans ton amour infini pour l'humanité, tu nous as donné pour mère la Sainte Vierge Marie afin qu'elle nous dispense généreusement les mérites infinis de ta Rédemption. Dés le commencement de mon combat pour toi, j'ai eu l'honneur de témoigner publiquement en faveur de la *Légion de Marie,* organisation qui portait son nom et qui lui était entièrement consacrée, et dont j'ai eu le privilège d'affirmer le caractère légitime et sacré. En prison, je récitais le chapelet tous les jours. En plus des cinq *mystères* habituels, je récitais aussi régulièrement que possible la totalité des quinze *mystères* pour remplacer l'Office divin. Chaque jour à mon réveil et avant de me coucher, je récitais trois *Je vous salue Marie!* Le samedi et pendant les mois de mai et d'octobre, je faisais des prières supplémentaires vénérant son Cœur Immaculé, sa vie glorieuse et son Saint Rosaire.

Lors de mon premier séjour en régime cellulaire, à l'époque où je composais mon *Hymne à la vie*, je lui consacrai la cinquième des neufs parties que contient mon hymne, soit 9 paragraphes, 199 strophes et 796 lignes. Quand j'ai commencé à faire des poèmes, je lui dédiai environ 150 poésies de louanges. Je composais aussi près de quarante poèmes pour louer les vertus et l'héroïsme de son chaste époux, saint Joseph, ton père sur la terre. Tous les mercredis et chaque mois de mars que je passais en prison, je récitais avec encore plus de ferveur la prière consacrée à ses sept *mystères douloureux* et ses sept *mystères joyeux*. Ces prières et toutes celles que j'adressais à tes grands saints ainsi qu'à mes saints patrons, m'ont fait bénéficier de tes consolations et de tes encouragements à chaque fois que « *je m'en allais en pleurant, emportant la semence* », ou bien encore je goûtais ta joie et ton bonheur lorsque je revenais du champ de bataille et que j'étais « *la bouche pleine de rire et les lèvres remplies de chansons* » transportant les « *gerbes* » d'une belle moisson dorée. (Ps 125, 6)

Je sais avec certitude que l'une des principales raisons de ma victoire sur la persécution communiste vient du soutien directe que l'Église m'a prodigué à travers l'ordre bénédictin de l'Annonciation dont l'abbaye mère est en Belgique et les deux monastères auxquels j'appartenais : le prieuré saint Benoît de Chengdu et l'abbaye de saint André de Valyermo. Dès l'âge de huit ans, pour me faire admettre comme élève oblat, mon père me demanda de l'accompagner à l'église locale pour me présenter au père Gabriel Roux, prieur du monastère bénédictin de Nanchong, situé à une centaine de kilomètres environ de notre ville de Suining. C'était au début de l'hiver 1934, juste au moment où le père Gabriel, venant de Nanchong, était de passage à Suining pour se rendre à Chengdu. Il était accompagné par le père Théodore Nève, père Abbé de l'Abbaye de St André de Bruges en Belgique, qui était venu cet automne-là dans la province du Sichuan pour visiter sa fondation, le monastère de Licheng. Ce prieuré avait été construit en 1929 sur le versant montagneux de Sishan (*Xishan* -La montagne de l'Ouest) situé en dehors de la ville de Nanchong. Les visages affables de ces deux moines laissèrent gravé une empreinte profonde dans mon cœur d'enfant, apportant un peu de chaleur au milieu d'un hiver froid.

Deux ans plus tard alors âgé de dix ans, je me souviens que j'allais souvent à la chapelle et qu'avec mon frère Philippe nous rivalisions pour servir aux messes célébrées par les trois moines-prêtres du monastère de Licheng. Ils étaient venus à Suining apprendre le chinois et vivaient dans une maison à deux étages à l'extérieur de la Porte Nord, dont le mur était mitoyen avec celui du mur arrière de la maison de mes parents. Il s'agissait des pères Eleuthère Winance, Vincent de Paul Martin et Wilfrid Weitz. De temps à autre, avec la simplicité d'un petit garçon de dix ans, j'allais tout seul leur rendre visite dans l'après-midi et ils m'offraient toujours des fruits avec beaucoup de gentillesse.

Au mois d'août 1938, alors que j'étais âgé de douze ans, Seigneur, tu m'accordais de faire mon entrée au monastère comme élève oblat. Dès lors, j'appris à vivre dans ton attente, porté par l'univers monastique qui m'environnait. Le père Raphaël Vinciarelli, troisième prieur du monastère, me donna une éducation minutieuse qui dura plus de treize ans. Ses homélies régulières et ses entretiens à cœur ouvert façonnèrent peu à peu mon esprit. Le 15 octobre 1949, il m'admit au noviciat et le même jour de l'année suivante me laissait prononcer mes vœux temporaires pour trois ans. A la veille de la persécution, il me prépara et me forma en vue du conflit qui s'annonçait. Tous les pères du monastère s'efforcèrent de m'instruire de diverses manières et m'apprirent tout ce qu'il faut savoir pour rester un bon moine. Ils me marquèrent d'une façon indélébile et me laissèrent un souvenir de bonheur inoubliable au cœur.

Quand l'heure de la persécution sonna à Chengdu, Ô Seigneur, jamais tu ne m'oublias. En 1952 et 1955, après leur expulsion du pays, notre Prieur le père Vinciarelli et le père Gaetan Loriers continuèrent de l'étranger à répondre à mes lettres, m'encourageant de leurs conseils et m'envoyant des livres religieux. Pendant cette période difficile, leurs lettres ainsi que celles reçues d'autres prêtres et sœurs de la Chine continentale ou de l'étranger me furent d'un grand soutien.

Pour quelle autre raison gagne-t-on encore, Seigneur? Dans mon cas, il y a celle d'être né dans une famille catholique et d'avoir reçu de mes parents, Paul Zhou Zinan et Marie Zhou Wangshi, tous les deux très croyants, une bonne éducation dès ma plus tendre enfance. Ils m'ont généreusement offert à toi et m'ont permis de répondre à ton appel sacré et de te suivre dès le plus jeune âge.

Durant l'Avent de l'année 1951, alors que mon combat pour toi commençait tout juste, j'allais rendre visite à mon père malade. A la fin du mois d'avril de l'année suivante, quand je fus chassé du monastère et me retrouvais sans abri, je retournai vivre sous son toit à Suining. Seize mois durant, il ne cessait de me prodiguer sa tendresse et me ménageait du temps libre pour lire et écrire. Bien qu'il se trouvait dans l'incapacité de manifester ouvertement son adhésion à toutes mes prises de position et activités contre le mouvement des trois autonomies, il ne manqua pas de me témoigner son approbation tacite et de m'apporter sa protection autant qu'il le put. Au cours du premier été après mon arrestation, je lui écrivis de prison et il me répondit lui-même. Six ans plus tard, je lui écrivis une seconde fois sans savoir qu'il était déjà mort depuis 1958, alors qu'il était âgé de 73 ans.

C'est précisément parce que tu m'as choisi, Seigneur, parce que tu m'as reçu, et parce que tu m'as appris à t'aimer que je peux aujourd'hui tenir ce crayon dans ma main infirme et témoigner ton amour merveilleux dont je fais l'expérience depuis plus de trente-trois années.

*

Même si j'étais pour les cadres de la prison un dur à cuire et un sujet constant d'irritation, ils n'allèrent jamais jusqu'à prendre des mesures extrêmes pour se débarrasser de moi. Pourquoi ? Ils n'avaient jamais réussi à rassembler assez d'excuses pour me tuer. Et puis, l'enjeu de faire vaciller mon idéal était autrement plus important !

Obéissant à tes commandements et à tes enseignements, Ô Seigneur, j'observais autant que possible le règlement de la prison. Dès que je n'ai plus eu d'autre alternative que de me résigner aux travaux forcés, je m'y suis employé de mon mieux, me contentant simplement de préserver ma propre pensée qu'ils considéraient comme utopique et réactionnaire. Mon attitude ne pouvait pas justifier ma condamnation à mort.

D'un point de vue communiste, ils ont dû comprendre que je n'étais pas si vieux encore, et que j'avais reçu une certaine éducation, si je me rétractais ça pouvait leur être d'une certaine utilité. Je ne cherchais pas à m'opposer à la discipline et au cours des travaux forcés je m'efforçais de m'appliquer mieux. La seule chose qui les heurtait était la résistance de ma foi et ma différence de pensée. Après avoir déployé tout leur art et m'avoir torturé longuement sans obtenir aucun résultat, il ne leur restait plus qu'à me laisser vivre ma vie dans mon coin. Par la force des choses, ils furent bien obligés de me laisser vivre et d'admettre mes convictions particulières et de me laisser *planter mon propre étendard* dans la prison, comme dit l'expression chinoise.

Ils restaient fidèles au mot d'ordre de leur grand maître Mao Zedong, « *Les obstinés ne peuvent pas le rester éternellement!* » Ils étaient persuadés qu'à l'usure, en utilisant le procédé de la carotte et du bâton et celui de l'alternance de la pression et du relâchement, ma résistance finirait par lâcher sous le poids de leur acharnement devenu à la longue intolérable. Me retrouvant dans une impasse, je n'aurais alors pas eu d'autre issue possible que celle de brader ma dignité en échange de leur protection.

Ils me répétaient sans arrêt qu'ils étaient avant tout des dialecticiens du *matérialisme historique* et qu'ils me jugeaient donc sous un angle progressiste, et non sous l'angle d'une vision statique réactionnaire aux métaphysiques idéalistes. Ils n'auraient jamais admis que je puisse être imperméable à leur pratique révolutionnaire. Ils considéraient mon ralliement futur comme pratiquement acquis, comme si tout dépendait d'une mécanique bien huilée.

Curieusement, tout en étant des matérialistes athées, les cadres de la prison accordaient une importance toute particulière à l'invisible et au spirituel. Tous leurs efforts consistaient à réformer la pensée des autres, à briser leur résistance, à faire vaciller les consciences et à assujettir les esprits. Pour y parvenir, ils auraient utilisé n'importe quel moyen. Ces méthodes laissaient des traces indélébiles sur les victimes.

Ne parvenant pas à ronger ma fidélité, tel un ver à soie, ni à avaler ma loyauté, comme une baleine, ils n'étaient pas pressés non plus de recourir aux procédés extrêmes d'anéantissement physique. Ils gardaient à l'esprit, probablement, l'hypothèse de me voir un jour accepter la réforme pour devenir leur esclave, ce qui leur eut procuré un sujet idéal de propagande, et l'occasion précieuse de verser dans les cœurs et les âmes un peu plus de poison marxiste.

En vérité, quoi qu'il arrivât, la réalisation de leurs plans ne dépendait pas d'eux mais uniquement de toi, Seigneur. C'est toi, Seigneur, qui diriges et commandes toutes choses et toutes leurs illusions et faux espoirs étaient voués à partir un jour en fumée. Tandis que moi, avec ma silhouette chétive et ma main infirme, j'irais prendre un jour mon envol, hors des murs noirs de la prison, par-delà le rideau de bambou, pour me retrouver paisible au cœur d'une forêt riche et verdoyante.

L'histoire suivait son cours et connut des transformations, tandis que la position du parti communiste chinois ne cessait de se détériorer. La mort de Mao Zedong plongea le pays dans l'obscurité. Après avoir pris des mesures radicales pour éliminer ses ennemis politiques et provoquer la chute de la *Bande des quatre,* Hua Guofeng fut acclamé en tant que nouveau chef du Parti et de l'État, mais sa politique restait dominée par l'idéologie de la lutte des classes et le pays fut maintenu dans une situation économique de crise. Et le climat politique de peur rampante poursuivit son œuvre destructrice au point, comme dit l'expression chinoise, de faire blêmir dès que la question du tigre (la politique) était soulevée.

Dans le contexte extrême de la politique ultra gauchiste adoptée à l'encontre de la religion et de l'Église par le parti communiste pendant la Révolution culturelle, même l'association patriotique de l'Église catholique chinoise, qui était un outil administratif anti catholique sous le contrôle du Parti, se retrouva paralysée et disloquée à partir de l'été 1966 et cela jusqu'aux premières années qui ont suivi la mort de Mao Zedong. Si cette organisation de substitution, destinée à prendre la place de l'Église romaine en Chine, ne disparut pas entièrement, elle ne subsista plus que de nom, car dans la réalité elle n'existait plus. Les quelques églises restées ouvertes fermèrent leurs portes pour la plupart. Même des prêtres de cette association, qui dès la première heure avaient servi avec empressement le Parti, toujours en première ligne pour agiter les drapeaux et prêter leur voix, n'échappèrent pas, ce qui ne manque pas d'ironie, à ce vent tragique. Ils se retrouvèrent en porte-à-faux et certains furent même mis au fer et jetés en prison. Ceci porta sûrement ombrage à l'image du parti communiste, que ce soit à l'intérieur du pays ou à l'étranger. Ils se retrouvèrent au devant de la scène, avec leurs noms disgraciés et devenus tristement célèbres.

Pour remédier à cette situation désastreuse et partir à la reconquête de l'adhésion et du soutien international dans le développement économique de la Chine, afin de mettre en œuvre la politique de construction des quatre modernisations, le nouveau leader communiste chinois, Deng Xiaoping n'avait pas d'autre solution que de procéder à une certaine ouverture. En mars 1978, la première session du 5e Congrès national du peuple adoptait hypocritement la nouvelle constitution qui réaffirmait et garantissait solennellement la liberté religieuse pour tous les citoyens. En mai 1980, les communistes donnèrent l'ordre aux membres subsistants de l'église patriotique, un contingent de personnes âgées et affaiblies, de réunir la troisième Assemblée représentative de l'association patriotique catholique de Chine à Pékin. Ils incitèrent les membres à prendre modèle sur les structures de l'Église de Taïwan, à former une commission des affaires religieuses de l'Église catholique chinoise ainsi qu'une Conférence Épiscopale de Chine. Dans le même temps, tandis que les portes des églises s'ouvraient les unes après les autres, le sort du clergé et des fidèles emprisonnés connut un grand changement avec pour certains la remise en liberté.

Les communistes ont dû tenir compte du fait qu'après trente années d'oppression et l'expulsion de tous les évêques, prêtres et religieuses étrangers, la plupart des membres indigènes du clergé fidèle, des religieux et des laïcs catholiques avaient presque tous été emprisonnés ou dispersés, que certains avaient été purement et simplement liquidés ou tués à petit feu dans les prisons tandis que d'autres étaient amenés à baisser les bras et à se soumettre. Ils ont compris que le lot des vrais croyants qui avaient survécu était beaucoup trop réduit pour représenter un quelconque danger. Et ils n'ont donc plus jugé nécessaire de maintenir leur pression sur l'Église catholique qu'ils considéraient désormais comme fondamentalement anéantie. C'est dans ce contexte que les dirigeants du *laogai*, conscients de leurs fautes passées et considérant la tournure des événements, prirent la décision de me glisser sur la liste des cas de victimes d'injustice, de jugements erronés ou arbitraires en voie de réhabilitation. A partir de là, le processus de ma remise en liberté était enclenché.

*

Bon Jésus, je te rends grâce d'avoir entendu ma prière et de m'avoir comblé au point de m'entraîner dans le combat à la vie à la mort pour toi. En définitive, l'obstination communiste fut vaincue et la victoire remportée. Cette victoire me remplit de reconnaissance. Elle n'a pas été remportée du jour au lendemain, mais par ta prévoyante Sagesse, elle est née au gré de ton mépris de l'arrogance et de la duperie des communistes, et sous l'effet de ton affliction devant les désertions et les compromis de beaucoup de croyants au début et au milieu de la lutte. Cela montre que tu tenais à préserver un reste de tes serviteurs, qui selon les mots du philosophe de l'antiquité, Mengzi (372-289 avant J.C.) restaient « *imperturbables devant la tentation des richesses et des honneurs, inébranlables devant la misère, et indomptables par la force.* » A travers ma victoire, tu montres qu'il n'est pas impossible de traverser pour toi les ténèbres glaciales d'une nuit profonde, et d'attendre, avec le chant du coq, les premières lueurs de l'aube. Ce n'est que par ta grâce qu'il est possible d'y parvenir et d'obtenir le couronnement de la victoire finale, comme l'ont montré les exemples vivants de Son Eminence le cardinal Mgr Ignace Kung Pin-mei (Gong

Pinmei), S.J., évêque de Shanghai depuis le 15 juillet 1950 (02.08.1901-) et encore résistant à 98 ans, de Son Excellence Mgr Dominique Tang Yee-ming (Deng Yiming), S.J., archevêque de Canton (13.05.1908-27.06.1995) qui a laissé ses mémoires : *Comme Ses voies sont insondables! Mémoires 1951-1981*, ainsi que de Son Excellence Mgr Pierre Joseph Fan Xueyan, évêque de Baoding (12.12.1907-13.04.1992), de Son Excellence Mgr Jacques Su Zhimin, évêque de Baoding, de Son Excellence Mgr Jia Zhiguo, évêque de Zhengding, de Son Excellence Mgr Thomas Zeng Jingmu, évêque de Yujiang et de tant d'autres. Le combat pour le Seigneur se poursuit actuellement avec les actions héroïques d'un très grand nombre d'évêques, de prêtres, de sœurs et de laïcs qui restent fidèles en Chine communiste aujourd'hui, plus particulièrement dans les diocèses de Baoding et de Zhengding situés dans la province du Hebei.

CHAPITRE XIII

Mes souhaits

Seigneur, en plein cœur de ces années de combat, où le crépitement des armes se fit entendre et où la poudre était répandue partout, comme dit le proverbe chinois, au beau milieu de l'assaut des communistes chinois contre ton Église, je t'ai prié, rempli de confiance en disant, «... *avec toi je force l'enceinte, avec mon Dieu je saute la muraille.* » (Ps 18, 30). Vraiment « *Tu m'as ceint de force pour le combat, Tu as fait ployer sous moi mes agresseurs.* » (Ps 18, 40) Ce n'est nul autre que toi, ô Seigneur, qui permit que je sois jeté en prison et que je devienne un pauvre prisonnier en ton nom pendant plus d'un quart de siècle, mais c'est toi aussi qui a multiplié mes victoires dans les situations les plus périlleuses et redoutables ainsi que durant les mois et les années les plus isolés et les plus rudes. Finalement, tu m'as rendu ma liberté.

Je suis témoin de la force extraordinaire que tu as déployée dans ma faiblesse pendant ces dernières décades. Tandis que j'aspirais à t'écrire des cantiques de louange, c'était comme si j'avais entendu dans le secret tes murmures d'encouragement. Une fois, alors que des Pharisiens te demandèrent de réprimander ceux de tes disciples qui jubilaient et louaient *« Dieu à pleine voix pour tous les miracles qu'ils avaient vus »* (Lc 19, 37), Tu répondis, *« Je vous le dis, si eux se taisent, les pierres crieront. »* (Lc 19, 40) Mais maintenant que je suis sur le point de conclure l'histoire de mon combat, je réalise combien il est impossible de décrire en quelques lignes ta puissance et combien mes mots sont dérisoires au regard de tout ce que j'aurais voulu exprimer.

La clique des communistes chinois au pouvoir et tous leurs partisans ont causé de graves dommages et des souffrances non seulement à ton Église et aux croyants, mais aussi sur la pensée, l'esprit et les corps de tout l'ensemble du peuple chinois. Il n'y a pas lieu d'en douter leurs péchés sont à la fois multiples et graves. Ils ont soit directement soit indirectement massacré un nombre incalculable de personnes, non seulement lors de la période de la guerre révolutionnaire mais aussi pendant toute la période de leur pouvoir dictatorial au gré des campagnes politiques interminables où furent exécutés, torturés, battus, emprisonnés, soumis à la critique et à la lutte, voire même poussés jusqu'au suicide tant de victimes révoltées et désespérées. Saura-t-on jamais le nombre de ces victimes ? Cinquante ou cent millions peut-être ? Seul Toi, Seigneur, en connaît le chiffre exact !

Pour l'instant, leurs actions meurtrières se manifestent plus particulièrement sur les générations à naître. Sous le prétexte de contrôler la population et d'améliorer le niveau de vie de la population chinoise, le gouvernement communiste, au moyen d'une propagande faite de persuasion, d'éducation, de contrainte, de récompenses et de sanctions, exerce une pression constante destinée à mettre en application la politique de l'enfant unique. Tous les couples mariés doivent pratiquer un contrôle des naissances. Dans le cas où les recommandations de pratiquer la contraception échouent, la solution de l'avortement leur est imposée. Combien de petits êtres ont déjà été tués ou bien attendent de l'être dans le silence, dans le sein de leur mère ? Et même combien de ces petits ont été privés du droit d'être conçus ? Je ne connais pas les visages de ceux qui opèrent ces choses-là, qu'ils soient des cadres communistes importants ou pas, et je ne peux pas me les imaginer mais je peux au moins prier pour eux et Te demander, ô Dieu, de pardonner leurs péchés et de changer leur cœur.

Vraiment, l'heure est venue pour les dirigeants communistes chinois de revoir et réévaluer les systèmes de pensées et la dictature tyrannique auxquels ils croient et qu'ils appliquent. Ils devraient enfin admettre que s'opposer à Dieu, à la religion et à la dignité humaine d'une façon aussi fondamentale est une erreur capitale. Ils devraient comprendre enfin que leur tyrannie sur les esprits, les cœurs et les corps est un moyen inhumain, qui est rejeté par le peuple et donc voué à disparaître. Ils devraient se rendre compte, avec un peu d'objectivité, des bouleversements opérés ces dernières années dans le monde communiste.

Pratiquement tous les régimes dictatoriaux des pays de l'Est ont été balayés de l'histoire et sur les ruines du communisme un monde libre tente de renaître sous forme de pays démocratiques et libres. L'Union soviétique s'est effondrée comme un château de cartes et la religion peut enfin respirer après soixante-dix ans d'esclavage. Aujourd'hui, les communistes chinois au pouvoir, acculés de part et d'autre, devraient se rendre à l'évidence et accepter de tirer les conclusions que suggère l'amère leçon du monde actuel.

Ils doivent renoncer à leur idéologie irrationnelle des *quatre principes fondamentaux : La voie socialiste, la dictature démocratique du peuple, la direction du parti communiste et la pensée marxiste-léniniste-maoïste.* Ils devraient tenir compte de mes recommandations franches et directes et modifier leur attitude à l'égard de l'Église catholique et des croyants.

Je crois fermement que premièrement les communistes chinois doivent mettre un terme à la persécution, en relâchant sans condition tous les évêques, prêtres, religieux et laïcs emprisonnés. Que l'on cesse de semer la division en incitant les catholiques à se séparer de leur chef religieux, le Saint-Père, le pape. Il faut leur restituer les églises, les chapelles et les autres biens confisqués. Mon deuxième souhait est la dissolution de l'*association patriotique des catholiques de Chine* ainsi que celle de toutes les associations anti catholiques de ce type érigées et contrôlées par le gouvernement communiste. Il faut permettre aux membres de ces organisations de revenir dans le giron de la vraie Église; stopper la subversion semée parmi les fidèles et mettre un terme à l'œuvre de destruction en cours dont le but est l'éradication de la présence de l'Église en Chine; éviter aussi toute interférence dans ses affaires et ses activités. Mon troisième souhait est la reconnaissance de l'autorité du Saint-Père et du Vatican sur l'Église en Chine, comme c'est le cas dans tous les autres pays du monde. Ensuite, il faut que la liberté religieuse et la liberté de culte soient effectivement appliquées, et non pas seulement en théorie mais concrètement dans les faits, en esprit et en vérité. Mon cinquième souhait est que l'Évangile puisse être librement annoncé dans tous les districts et toutes les provinces de Chine, et que tous les Chinois qui le désirent puissent recevoir et croire librement à la Bonne Nouvelle. Enfin, mon dernier souhait est que les communistes chinois abandonnent d'eux-mêmes les ténèbres pour la lumière et gagnent leur salut en recevant le Christ et son Corps mystique, l'Église catholique. Ô Seigneur, adorable et tout-puissant Jésus, daigne les conduire, avec tous leurs partisans, sur la voie lumineuse de la conversion tracée par St Paul Ton apôtre!

Seigneur Jésus, sous ta conduite et grâce à ton soutien, le récit de mon combat, *L'Aube se lève à l'Est,* peut enfin être considéré comme achevé. Je le dédie à la Sainte Vierge Marie ainsi qu'à toi, Seigneur, avec déférence et respect. Et je te prie pour qu'il ne montre pas uniquement le témoignage de mon seul combat personnel et de la grâce dont j'ai pu bénéficier, mais qu'il révèle aussi le témoignage du grand idéal et du sentiment commun partagé par tous tes soldats de notre temps qui ont combattu et combattent encore aujourd'hui le communisme en ton nom.

Ces années inoubliables
je les regarde aujourd'hui
le cœur ébloui
d'une profonde gratitude.

Les images du passé
gravées dans ma mémoire,
s'animent devant moi
et captent mes pensées.

Au poste de police,
j'ai défendu la vérité avec force.
Au grand rassemblement,
j'ai affiché mes convictions avec passion.

Après avoir pénétré dans la prison courageusement,
j'ai corrigé mes premiers faux pas avec acharnement
et supporté la torture sans fléchir
fidèle sous la critique.

Mes trois exils au cachot,
exhalaient un parfum monastique.
Deux fois ma peine fut prolongée
comme autant de marches vers la victoire.

Chez moi, les mots jaillissaient
comme l'eau vive d'un ruisseau.
Et en prison, mes poèmes s'accumulaient
l'idéal aussi haut que des montagnes.

Je n'ai pas quitté la prison
à moitié soumis.
Ni quitté mon pays
La tête baissée.

C'est ta prévoyante Sagesse, ô Seigneur,
qui m'a ouvert le chemin,
et ta toute-puissance
qui a tout permis.

Ton soldat chétif a vu,
le miracle se produire,
silencieux,
mais éclatant!

Merci, Seigneur Jésus, à jamais
pour ton infinie bonté !
Et que toutes les nations et peuples
obtiennent ton salut !

NOTES BIOGRAPHIQUES

Ces informations étaient insérées dans le Formulaire de demande de sortie du pays réservé aux citoyens de la République populaire de Chine *rempli et remis au bureau de la sécurité publique de Suining au Sichuan, le 17 juillet 1984.*

1926 - 1932 : Je suis né et j'ai grandi dans le chef-lieu du district de Neijiang, dans la province du Sichuan.

1932 - 1933 : Je vais vivre avec ma mère dans sa maison maternelle à Tianlinchang, district d'Anyue. Je commence à étudier des livres de prière dans une école primaire catholique pendant six mois.

1934 - 1938 : Je retourne avec ma mère à Suining pour vivre auprès de mon père. Je reçois une éducation religieuse pendant un an. Puis je vais à l'école communale pendant deux ans et demi.

1938 - 1944 : Je suis admis au monastère bénédictin de Sishan, dans le district de Nanchong, au mois d'août 1938. Pendant trois ans je vais à l'école Zhongyi, fondée par le monastère. Ensuite, j'entre au collège provincial du district et termine mes trois premières années.

1944 - 1952 : Je m'installe avec le monastère au 172 de la rue Yangshi à Chengdu. Après avoir fini mes trois dernières années d'étude au collège Shude, je poursuis pendant quatre ans, au monastère, des études de langues étrangères, de philosophie ainsi que d'autres cours. Après un an de noviciat, je prononce mes vœux de trois ans et commence ma vraie vie de moine bénédictin.

1952 - 1953 : Fermeture du monastère. Retour dans ma famille à Suining. J'aide mon père dans son petit commerce de vente et de réparation de lunettes.

1953 - 1955 : Retour à Chengdu. J'habite au 184 de la rue moyenne Changshun. Je m'associe pour ouvrir une épicerie.

1955 - 1981 : Mon opposition au mouvement catholique de réforme des trois autonomies entraîne mon arrestation et mon emprisonnement. Je suis condamné à 20 ans de prison, mais je serai condamné par la suite à une peine supplémentaire de cinq ans de prison. Après avoir purgé mes 25 ans, je suis relâché.

1981 - 1984 : A ma sortie de prison, je retourne à Suining pour vivre sous le toit de mon quatrième frère, Zhou Bengu. J'installe sur la rue un stand d'écrivain public.

APPENDICE I

DÉCLARATION DU 4 NOVEMBRE 1951
Lors de la réunion de quartier du poste de police de la rue Yangshi à Chengdu

Note : Après la perte du manuscrit original, cette déclaration fut réécrite le 19 novembre 1951 sur la demande du père prieur Raphaël Vinciarelli, O.S.B., et envoyée ensuite à Hongkong par les pères Hildebrand Marga, O.S.B., et Paul Wu Yong, O.S.B. Elle fut d'abord traduite en français, en mai 1952 à Hongkong, par le père prieur Raphaël qui lui donna un titre, un sous-titre, une préface et une post-face. Ensuite, le père Gaétan Loriers, O.S.B., en fit la traduction du français vers l'anglais. Au printemps 1985, quelques mois après mon retour au monastère de Valyermo, le frère Dominique Guillen, O.S.B., et le père Gaétan me remirent ces traductions auxquelles j'apportai quelques modifications et restituai le paragraphe manquant. Je retraduisis aussi ce texte en chinois. Cette version est donc la même que celle qui parut en 1952 à Hongkong et que les suivantes qui parurent en d'autres endroits.

PERSÉCUTION RELIGIEUSE EN CHINE

Profession de foi d'un jeune moine bénédictin chinois

Jusqu'à la fin du mois d'octobre 1951, les bénédictins chinois et leur groupe purent rester à l'écart du mouvement schismatique des trois autonomies. Mais ne s'étant pas joints d'eux-mêmes au « comité de réforme », l'attaque contre nos moines commença. Une lutte s'engagea qui dura dix jours. Les communistes voulaient qu'ils assistent aux réunions publiques du comité des trois autonomies, mais en vain. Ils finirent par les obliger à prendre part aux assemblées populaires. Ces assemblées du peuple qui réunissaient souvent plusieurs centaines de personnes, visaient principalement l'Église catholique.

Les moines et leur groupe vinrent demander un matin à leur supérieur : « Que doit-on répondre ? Nous sommes tous convoqués ce matin pour dénoncer la Légion de Marie ». « Aujourd'hui ils vous demandent de condamner la Sainte Vierge Marie et demain ils vous demanderont de condamner Jésus Christ. » répondit le supérieur. Ils allèrent donc tous se confesser et revinrent en disant : « Nous sommes prêts, nous n'avons pas peur. »

Le soir du 4 novembre, une grande réunion publique avait été organisée. Le plus jeune des moines, frère Pierre, âgé de 25 ans, qui venait juste de terminer sa première année de philosophie, fut à son tour interrogé par les communistes. Sachant qu'il aurait tôt ou tard à s'expliquer d'un bout à l'autre, il avait préparé par écrit sa profession de foi. Devant cette assemblée de plusieurs centaines de personnes, parmi lesquelles se trouvaient aussi des catholiques, et présidée par des cadres communistes, d'une voix posée il se mit à lire.

Voici la traduction littérale de son texte. Pour mieux comprendre la situation concrète, le lecteur, peu averti sur la persécution religieuse en Chine, doit savoir que cette persécution est bien réelle et que les communistes savent, d'une façon diabolique, comment alterner la persuasion et la force. Quand l'endoctrinement, qui peut durer plusieurs mois, voire davantage, ne parvient pas à « laver le cerveau », à savoir à « forcer à accepter leurs idées », ils ont recours aux travaux forcés ou à la prison et à la torture. Les chrétiens qui résistent vaillamment à la persécution religieuse communiste, savent qu'ils risquent d'être jetés en prison, peut-être d'y laisser leur peau, comme c'est arrivé de nombreuses fois. Ils ont la psychologie et la force des martyrs, et ce n'est qu'à cette lumière-là que leurs paroles prennent tout leur sens.

Hongkong, le 17 mai 1952

Camarades, concitoyens et coreligionnaires,

Avant de parler de la question que nous allons traiter ce soir, je désire décliner devant vous toute mon identité. Je m'appelle Zhou Bangjiu, originaire du district de Suining, dans la province du Sichuan du nord. Ma famille est catholique depuis plusieurs générations. Pour ma part, j'ai été baptisé dans l'Église catholique dès mon enfance. Mon père est un petit marchand de lunettes, mon frère aîné est tisserand. Dès l'âge de 12 ans, je suis entré au monastère bénédictin de Sishan, situé à l'extérieur de la ville de Nanchong, en vue de devenir prêtre et de prêcher l'Évangile du Christ. Après mes trois années d'école primaire à Sishan, j'ai fait mes trois premières années du secondaire au collège provincial de la même ville. Arrivé à Chengdu au cours de l'été 1944, j'ai terminé mes trois dernières années du secondaire au lycée Shude. A l'automne 1947, une fois diplômé du secondaire, je suis revenu ici au monastère pour étudier la littérature chinoise, suivre des cours de latin, d'anglais, de français et de mathématiques supérieures, et, en même temps, pour recevoir les différents enseignements de la doctrine catholique : histoire, liturgie, théologie et philosophie. Voici 4 ans de cela.

Je suis profondément reconnaissant à Dieu pour sa grâce insigne et sa Providence infiniment miséricordieuse de m'avoir insufflé la lumière de la vérité de Jésus Christ, son Fils unique, et de m'avoir fait comprendre en profondeur le vrai sens de la vie. Aujourd'hui, en toute connaissance de cause, et après mûre réflexion, je suis prêt à assumer mon devoir et ma responsabilité de témoin de la vérité de Jésus et de la pureté de son Église, au risque d'être en butte à vos insultes et à vos critiques, faute d'avoir été compris.

Pour parler concrètement, il m'est difficile de prendre à la légère la question de la religion, et en particulier de la religion catholique, et de suivre l'opinion populaire; simplement parce que sur ces questions j'ai une connaissance plus approfondie que vous, si je puis me permettre, et que je suis plus à même de répondre à des questions telles que : « Qu'est-ce que la religion ? », « Qu'est-ce que l'Église catholique ? » et « Que sont les dogmes, les lois, l'histoire et l'organisation de l'Église catholique ? ». De plus, je m'efforce sans cesse de conformer toute ma vie à ce haut idéal. Aussi, au sujet de notre discussion, voici, en toute franchise, ma position.

1. Au sujet du mouvement de réforme des trois autonomies, je ne peux y participer d'aucune manière. D'abord parce que ce mouvement n'a jamais reçu, ni avant ni après son établissement, l'approbation de l'unique chef visible de l'Église catholique, le pape de Rome. Ensuite, parce que ce mouvement, dans le cours actuel de son développement, mène tout droit à la séparation d'avec le pape de Rome.

   Si vous dites que d'autres chrétiens sont déjà engagés dans ce mouvement réformiste, il y va de la liberté individuelle de chacun, ils sont responsables de leurs propres actes.

Est-ce que ceux qui adhérent au mouvement de réforme sont schismatiques ? Ont-ils apostasié ? Je ne suis pas en mesure d'élucider ces questions, il faut m'en excuser. Ici, je veux seulement exprimer ma position personnelle, et c'est tout.

2. Quant à la Légion de Marie, je n'en ai jamais fait partie. N'étant pas un membre essentiel de l'Église, je pourrais encore admettre que le gouvernement populaire la dissolve. Cependant, je ne suis pas d'accord quand on qualifie cette association purement religieuse de « réactionnaire ». Pour la simple raison que cette association est reconnue par le pape, et que le pape ne peut pas permettre la formation d'une association faussement religieuse à des fins politiques, dans le dessein de s'opposer à un pays ou à un quelconque gouvernement.

   S'il est vrai que des espions, des agents spéciaux et des brigands ont été découverts dans la Légion de Marie, il ne peut s'agir que d'imposteurs. Le gouvernement populaire a donc le droit de les punir par la loi. Mais on ne peut pas pour cette seule raison, considérer la Légion de Marie comme une « organisation réactionnaire ».

Je sais que mes idées sont complètement opposées à celles du « peuple ». Il existe une réelle divergence entre ma façon de voir et la vôtre. Comme nos vues et nos valeurs sont différentes, la logique veut que naturellement nous soyons amenés à des conclusions différentes, voire même contraires.

On obtiendrait les mêmes résultats en mesurant la température avec des instruments différents. A supposer que j'utilise le thermomètre Celsius et que vous utilisiez le thermomètre Fahrenheit, si je mesure la température atmosphérique à 10°c, vous aurez 50°F sur votre thermomètre. Je ne dis pas que vous avez tort; de même, vous ne pouvez pas dire que j'ai tort. Nos instruments de mesure sont simplement différents. Bien que nos valeurs de jugement puissent ne pas être identiques pour discerner le vrai du faux, le bien du mal et juger les paroles et les actes des hommes en société, la vérité est une et reste toujours la même. En conséquence, par cet exemple tiré de la nature, même s'il est loin d'être satisfaisant, il n'en reste pas moins clair et indubitable que des instruments de mesure différents produisent des résultats différents.

Aussi, sur cette question qui nous intéresse ce soir, je n'ai pas l'intention de vous convaincre de prendre la même attitude que moi, même si forcément l'un d'entre nous a tort. Et comme mes valeurs vous sont inconnues, vous ne pouvez que vous cantonner dans votre position et tirer vos propres conclusions.

En d'autres termes, étant donné que mes idées sur ces questions religieuses ne concordent pas avec les vôtres, ni avec les décrets du gouvernement populaire, en tant que citoyen de la république populaire de Chine, il me faut me soumettre à votre jugement et à la sanction prise par le gouvernement populaire. Ce jugement et cette sanction sont de votre point de vue vraiment justes, cohérents et même nécessaires. Pour ma part, je ne garderai aucune rancune ni ressentiment; je veux seulement tout accepter avec joie et enthousiasme. Si c'est la volonté de Dieu, de toute éternité, d'en disposer ainsi, comment refuserais-je de boire à cette coupe d'amertume ? Bien plus, si je veux être un vrai disciple de Jésus, je dois marcher dans ses pas en portant ma croix et en gravissant la montagne du Calvaire pour glorifier son père saint, et, le plus tôt possible, trouver mon repos en lui.

Que vous compreniez ou pas importe peu, pourvu que Dieu, qui scrute les reins et le cœur de l'homme, me comprenne, cela me suffit et il n'y a que ça qui compte.

Vous trouvez probablement mon attitude étrange et incompréhensible. Si ça vous fait plaisir, dites carrément que ma pensée est « rétrograde et réactionnaire ». Mais si vous pensez sincèrement que la croyance à l'existence de Dieu est une pensée

« rétrograde et réactionnaire », alors, ma pensée est vraiment « rétrograde et réactionnaire », d'autant plus que j'ai l'intention de la garder pour l'éternité. Si vous dites que l'enseignement de notre sainte religion est une « éducation à l'esclavage », alors je regrette de ne pas avoir reçu une éducation encore plus poussée. Si vous dites que j'ai trop de vénération pour les « étrangers » et que je leur fais trop confiance au point de me laisser tromper par eux, alors apprenez que ces « étrangers » dont vous parlez, il n'y en a pas d'autre pour moi que Jésus Christ, un juif, fondateur de la religion catholique. En lui, non seulement je crois, mais encore je l'adore, et je ne désire que vivre par lui et pour lui. Si vous dites que je suis intoxiqué par « l'impérialiste », au point de vouloir me faire son « chien courant », alors apprenez que cet « impérialiste » n'est autre que lui, le Juif, Jésus Christ, que personne ne peut conquérir. Mon seul regret à présent est de ne pas avoir encore atteint la ressemblance totale au Christ, ni connu la complète transformation pour devenir un véritable « chien courant » du Christ. Aussi, je me sens indigne et confus de porter le titre glorieux que vous me prêtez.

Je vous demande de ne pas me prendre pour un fanatique à cause de ce que je viens de dire, ni pour un pauvre misérable intoxiqué, ni même pour un homme qui est en train de se noyer et qui appelle au secours. Parlons calmement et franchement. J'ai l'esprit complètement serein et clair, mon âme est imprégnée de la vérité de Jésus et de sa bonté inépuisable. En résumé, je sais qui est Jésus Christ, je sais d'où vient l'homme et où il va après sa mort. Ça me donne une connaissance plus approfondie du sens de la vie humaine.

C'est pourquoi, vous n'avez pas à vous soucier de moi. N'essayez pas de me tendre la main par pitié, pour me sauver de ce qui est pour moi les chaînes de la vérité. Mais je vous demande de faire de moi tout ce qu'il vous plaira, selon le jugement populaire. Je vous livre mon corps, mais je garde mon âme pour le Dieu bon, pour lui qui m'a créé, nourri, racheté et aimé.

Mon discours a été long et désordonné. Ce soir je vous ai fait perdre votre précieux temps, vous m'en excuserez.

J'ai fini.

Lorsque frère Pierre eut terminé sa profession de foi, l'assemblée n'osa pas extérioriser ses sentiments. Mais une femme communiste assise à la table qui présidait dit simplement : « J'admire votre attitude, mais quel dommage que ce ne soit pas pour la vérité ! »

Au moment de quitter le meeting, un homme non chrétien dit à voix basse à l'un de nos ouvriers catholiques : « Ce jeune homme a très bien parlé, vraiment très bien, très bien... Il ose résister au gouvernement ! Mais quel dommage... il est si jeune ! »

Enfin, un jour le policier en chef appela les moines et leurs acolytes en leur disant : « Vous êtes tous si jeunes ; vous osez résister au gouvernement et vous êtes sans armes... Vous résistez uniquement avec l'arme spirituelle ! »

Les moines restèrent seuls jusqu'à l'expulsion des moines étrangers.

APPENDICE II

APPEL DU 8 MARS 1981

Auprès du tribunal populaire du district Peng'an pour la révision de ma condamnation à cinq années d'emprisonnement supplémentaires

En vue d'obtenir l'annulation du jugement erroné de septembre 1977 relatif à la prolongation de ma peine, je vous ai fait parvenir deux réclamations en octobre et en décembre de l'année dernière. Le premier jour de ce mois, j'ai appris de M. Deng, chef de section de la discipline et de l'éducation de notre camp, que si je n'avais reçu aucune réponse à ce jour de votre tribunal après cette longue période, c'est parce que vous désiriez prendre tout le temps nécessaire pour réexaminer attentivement l'ensemble de mon dossier. Tout en nourrissant quelques regrets quant aux décisions prises par votre tribunal, il me paraît important de vous exposer d'une façon concise et claire ma position et mon point de vue. A l'aide des quatre points suivants je vous donne quelques éclaircissements sur les faits. J'espère que le Tribunal saura faire un examen consciencieux de mon cas dans un esprit positif et avec réalisme, sans faire intervenir de ressentiments, d'hostilité, de méprise ou préjugé à l'encontre de la religion catholique, et qu'un juste verdict puisse être rendu au plus vite.

1. Sur la question : « *Admettre mes crimes* » :

J'ai été arrêté et condamné uniquement parce que j'avais défendu avec fermeté la Sainte Foi catholique, à laquelle le mouvement de *réforme des trois autonomies* portait gravement atteinte. Le Vatican est l'organisation suprême de l'Église et le pape de Rome en est la plus haute autorité. C'est l'un des fondements du *credo* de la religion catholique ; or, sous couvert des slogans *auto-administration, auto financement et auto-évangélisation* et d'*opposition à l'impérialisme et d'amour de la patrie,* le mouvement réformiste des *trois autonomies* nous forçait à rompre nos liens avec le Vatican et avec le pape. Le Droit canonique de l'Église stipule depuis longue date, en termes explicites, notre devoir de respect envers nos aînés en religion et l'impossibilité de leur porter atteinte ou de les diffamer. Quand il est question de manquements de la part de certains de nos aînés en religion, on nous demande de confier aux autorités de l'Église le règlement de l'affaire qui sera traitée sérieusement, en passant par les canaux appropriés prévus par le droit ecclésiastique. Mais le mouvement réformiste des *trois autonomies* nous poussait à attaquer, à accuser, à insulter et à calomnier tous les aînés qui étaient précisément bons et compétents. N'est-ce pas une cynique violation et une provocation ouverte lancée aux dogmes et au droit catholiques ? Comment peut-on y voir du respect et une sauvegarde pour la liberté religieuse ? Comment une lutte résolue contre une telle *réforme des trois autonomies* pourrait-elle être considérée comme un « crime » dont le but serait de renverser la dictature du prolétariat ? C'est au contraire une action totalement juste et légale qui a pour but de défendre notre religion. C'est un devoir sacré, beau et incontournable. Il y va de ma responsabilité et de celle de tout catholique qui tient sa foi pour un trésor.

Ma *Lettre à tous les laïcs et au clergé catholiques de Chine* écrite auparavant était fondée sur les dogmes et le droit canon de l'Église. C'était une analyse objective de la situation d'alors de l'Église en Chine et des dommages causés par la réforme des *trois autonomies*. Elle fut écrite dans le but de convaincre le gouvernement Populaire de changer sa politique négative contre l'Église, qu'elle puisse jouir de sa propre unité, authenticité, liberté et de sa place d'honneur. Ce n'était, d'aucune manière, « *une activité contre-révolutionnaire sous l'habit religieux* ».

Je n'ai pas fait partie de la Légion de Marie. Toujours est-il que je la connaissais très bien comme étant une organisation purement religieuse de catholiques fervents. Elle avait été fondée bien des années auparavant, avec l'objectif de rendre gloire à Notre-Dame, la Vierge Marie, en faisant progresser la vie spirituelle et la foi, et en évangélisant. En outre, elle était approuvée par la plus haute autorité de l'Église. Encore aujourd'hui, je maintiens qu'au début de l'hiver de 1951, lors du rassemblement de masse de mon lieu de résidence d'origine à Chengdu, mon discours sur la légalité et la pureté de la Légion de Marie était parfaitement fondé et l'expression du jugement d'un catholique de bon sens.

En tant que catholique loyal, je ne peux rien faire de plus que de témoigner ma fidélité à la foi, en refusant la moindre parcelle de trahison. C'est pourquoi, avec raison, je ne pourrai jamais considérer comme des « crimes » ce que j'ai pu dire ou faire dans le passé pour la défense de l'Église. En agissant de la sorte, pendant de longues années, j'ai dû endurer bien des souffrances et difficultés, j'ai été jeté en prison et condamné à une longue peine d'emprisonnement, j'ai été soumis à la critique et j'ai été accusé un nombre incalculable de fois, j'ai été réprimandé, battu, injurié et insulté, plusieurs fois j'ai eu les menottes, j'ai été mis aux fers et j'ai été mis au cachot, j'ai reçu des blâmes, petits et grands, et j'ai eu ma peine prolongée deux fois et ma main droite mutilée.... En dépit de tout ça, s'il le fallait, je serais prêt à emboîter le pas de mes innombrables frères et sœurs qui ont connu le martyre au nom de la foi tout au long des 1900 années passées. Ce serait ajouter une page sanglante de plus à l'histoire glorieuse et éclatante de notre si chère Église, et ainsi apporter ma faible contribution à la diffusion de la vérité et au salut du genre humain.

2. Sur la question : « *Accepter la transformation* » :

En tant que catholique fidèle, je dois maintenir ma position de catholique et en aucun cas accepter celle de marxiste-léniniste qui est athée. Pendant plus de vingt ans j'ai suivi un chemin personnel et je me suis placé en dehors des activités de la prison, telles que « les études politiques », « les prises de parole en sessions », « l'examen semi-annuel », « les rapports annuels », « les séances de lecture des *Citations du président Mao* » et l'achat des *Œuvres choisies de Mao Zedong*. Cette attitude est plutôt droite et cohérente, elle devrait être comprise, être respectée et permise dans un pays où la liberté religieuse est garantie. Regrettablement, dans mon cas, ce comportement a engendré des hostilités et m'a valu deux condamnations supplémentaires. J'espère que votre tribunal saura réfléchir et juger avec soin du bien fondé de ce qui m'a été fait en prison, de la compatibilité ou de l'incompatibilité avec l'esprit de « justice fondée sur la Loi » si souvent invoquée ces dernières années.

Pour ce qui me concerne, il n'y a pas lieu de nier que l'amour pour la foi catholique est dix mille fois plus important que l'amour pour ma vie personnelle. J'ai le désir et je suis prêt à payer le prix fort et à faire le sacrifice suprême au nom de cette fidélité.

3. Sur la question : « *la première prolongation de ma peine* » :

Un jour de l'été 1966, dans la prison provinciale n° 1 de

Nachong, je me suis opposé aux propos diffamatoires que Ni Huashan, un codétenu de mon groupe, m'avait lancés à la figure pour calomnier l'Église catholique et ses hauts dignitaires. Environ deux semaines plus tard, le cadre Lin, chargé de la discipline et de l'éducation dans notre compagnie, a organisé un rassemblement public de notre petit groupe pour me critiquer. Cela dura quatre jours pendant lesquels j'ai réfuté point par point leurs diverses attaques et calomnies. En plus, j'avais composé un poème que j'ai récité pendant la réunion pour donner un témoignage de mes sentiments de gratitude et de vénération infinies envers Jésus Christ, notre Sauveur. Malheureusement, ils les ont perçus comme des « discours offensifs » et une « poésie réactionnaire ». En septembre de la même année, le poème servit de principale base retenue pour ma condamnation supplémentaire de cinq ans.

Quand l'Église catholique, son clergé et moi-même avons dû subir de graves attaques non fondées, pourquoi n'aurais-je pas eu le droit de m'opposer et de me défendre ? Comment un petit poème qui manifestement ne parlait que de mon idéal pouvait-il avoir été délibérément déformé au point d'être pris pour une diffamation du parti communiste ? Pour faciliter la tâche de l'honorable tribunal, et pour l'aider à porter un jugement correct et juste, je voudrais lui présenter un exemplaire de ce poème dont je me souviens très bien :

« *Tout-puissant Fils de Dieu, Bon Jésus,*
esclave sur la terre pour sauver l'homme,
tu adores le Seigneur, tu honores tes parents,
nous léguant ta sainte imitation.
Tu nous prodigues ton amour et tu nous enseignes
transformant nos cœurs bornés et aveugles.

Ô ! Maître, mort sur la Croix,
pour sceller la Nouvelle Alliance ;
Moi, ton disciple, j'accueille la Bonne Nouvelle,
et je marche en confiance dans la Voie.

Plein de gratitude pour ton adorable bienveillance,
Je prends ta défense,
et me voilà prisonnier, humilié,
prêt à donner ma vie pour toi ! »

4. Sur la question : « *La deuxième prolongation de ma peine prononcée en septembre 1977* ».

Lors de ma première demande déposée devant votre tribunal en octobre dernier, j'ai déjà expliqué clairement comment l'extension de ma peine, subie trois années et demie plus tôt avait résulté directement de mon refus d'acheter et d'étudier le cinquième volume des Œuvres choisies de Mao Zedong. Je n'ai pas besoin de le répéter ici. Pour protester clairement, j'ai rejeté l'acte de condamnation, comme je l'avais fait lors de la première prolongation de ma peine. Cette fois, c'était parce que plusieurs prisonniers de mon petit groupe, sur les ordres des cadres, m'avaient pris par surprise la main et avaient apposé mon empreinte de force sur l'acte de condamnation. Bien entendu, ceci n'a jamais signifié que j'avais été d'accord avec ce faux verdict.

Je me rappelle qu'au début de 1976, Monsieur Jiang, le cadre responsable de la discipline de notre compagnie, et Monsieur Song, le cadre responsable de notre camp, ont mentionné les deux faits suivants lors de leur interrogatoire.

Le premier fait avait eu lieu au début de 1971. Au moment de ce bref rapport annuel dans la prison provinciale n° 1 de Nanchong, j'avais écrit 50 mots en 8 phrases, sans rythme, pour exprimer mon indéfectible foi et loyauté envers Jésus Christ. Mais mes mots furent déformés et présentés comme « un poème réactionnaire ». Était-il réactionnaires ou pas ? Était-ce des mots d'« hostilité » ou pas ? Votre tribunal peut sûrement tirer ses propres conclusions à condition d'examiner minutieusement et de délibérer avec attention sur les documents en rapport avec la prolongation de ma peine qui ont été préparés par le cadre Jiang.

Le deuxième fait s'était produit à l'automne 1972. Les réponses que j'avais faites à Ren Gongbi, un prisonnier de mon groupe, avaient été considérées comme des provocations à son égard. Après une réflexion approfondie, je compris que ce prisonnier, qui agissait sur les ordres du cadre Pu de notre section, était venu à moi avec l'intention cachée de prendre auprès de moi des renseignements liés à l'Église et obtenir ainsi des réponses susceptibles de servir à m'accuser et entraîner une prolongation de ma peine. C'était un coup monté contre moi. Mes propos ont été délibérément mal interprétés comme « de l'agitation ». Ce type d'action est peu conforme aux méthodes ouvertes et franches sans cesse invoquées par le parti communiste et le gouvernement Populaire. Dans ces conditions, comment un jugement pourrait-il être juste, rationnel et légal ? Bien plus, c'était une erreur manifeste, tout le monde savait que c'était l'échec de la tentative de forcer un catholique à acheter et à étudier les *Œuvres choisies de Mao Zedong* qui avait conduit à une prolongation de peine d'un tel croyant si fidèle. Est-ce bien utile maintenant de faire perdurer cette erreur? Est-ce là une façon de témoigner d'un esprit de « justice par la loi » ? Je ne comprends pas très bien.

Ces dernières années, on a beaucoup parlé de lancer au plus vite la politique de réhabilitation des jugements injustes, erronés et faux et de l'appliquer à toutes les victimes qui sont en droit d'en attendre quelque chose. Pour cette raison, pour ma demande d'octobre dernier, je n'avais pas eu l'intention d'écrire, je m'y suis plié sur les conseils exprès du cadre responsable ici concerné. Comme j'étais arrivé au bout de mes vingt-cinq ans qui appartenaient désormais au passé, je n'avais pas l'intention de parler des deux faits précédents. C'est seulement parce que j'ai appris récemment que le tribunal allait reconsidérer et réévaluer « entièrement » mon « cas dans son entier » que je me suis senti obligé de me référer à ces faits passés.

En effet, il y a des choses qui me paraissent incompréhensibles. Pourquoi, après l'avoir forcé en vain à changer de comportement, avoir épuisé toutes les excuses possibles pour prolonger indéfiniment la peine d'emprisonnement d'un catholique loyal, irréductiblement fidèle à sa foi sacrée, qui n'aurait jamais, dans n'importe quelle circonstance, « admis ses crimes » ou « accepté de se réformer » ? Depuis deux ans maintenant la nouvelle Constitution et le nouveau code pénal sont entrés en vigueur. Dans le même temps, dans les journaux, des leaders de Pékin n'ont eu de cesse de répéter : « Le peuple jouit de la liberté religieuse », « Il n'y a pas de prisonniers idéologiques en Chine », « Égalité pour tous devant la loi », « Le jugement d'un tribunal doit se fonder sur des faits et être rendu en fonction de la loi », « Tous les cas injustes, erronés et faux doivent être réajustés », etc. Pourquoi les deux appels présentés ces cinq derniers mois par un catholique, qui a déjà purgé vingt-cinq ans, et dont la condamnation supplémentaire était à l'évidence erronée à tous points de vue, seraient-ils relégués aux oubliettes ou ignorés ? Il y a toujours la tentative de trouver des excuses à la sentence erronée infligée trois ans et demi plus tôt.

Un quart de siècle passé en prison est un temps très court comparé à la distance parcourue par la longue histoire de l'humanité et de l'Église. Malgré le coût, ça compte peu dans la balance de la défense de la vérité éternelle. Néanmoins, d'après la politique actuelle du parti communiste « chercher la vérité à partir des faits », « respecter la loi » et « corriger toutes les erreurs », il est temps de mettre un terme à ce genre d'injustice.

En conséquence, je souhaite sincèrement que votre tribunal agisse au plus vite pour réajuster ce cas de jugement erroné. Je vous demande de n'avoir aucune hésitation, de ne rien esquiver et de ne pas repousser à plus tard. Ne laissez pas un innocent victime depuis de très nombreuses années dans la même situation pénible. Je vous demande instamment, au contraire, de prononcer un nouveau verdict au plus tôt et d'annuler l'ancien.

Veuillez m'excuser si ce que j'ai pu dire vous a offensé. C'est avec toute ma sincérité que je vous soumets cette demande, avec tout le respect dévolu au tribunal populaire du district de Peng'an, et dans l'attente de connaître vos instructions et votre décision.

Demande faite par : Zhou Bangjiu,
De la Compagnie n° 2 du Camp de réforme
par le travail de Jinping, le 8 mars 1981

APPENDICE III

Quand la Chine communiste cessera-t-elle de persécuter l'Église catholique ?

Sept années ont passé depuis la première édition du livre. Pendant toute cette période, des événements politiques, sociaux et religieux plus ou moins positifs se déroulèrent dans le monde, mais il est regrettable de constater que la situation de l'Église catholique en Chine communiste n'a pas connu l'amélioration que la Chine continentale a pu connaître sur le plan économique. L'Église subit toujours la même répression qui sévissait il y a quarante-neuf ans, étouffée sous le poids d'une même dictature communiste, elle est toujours considérée comme la principale cible dans leur lutte et leurs attaques contre Dieu. La situation dramatique que connaît actuellement l'Église en Chine continentale se reflète concrètement et sans ambiguïté dans le document officiel publié par le gouvernement communiste chinois le 16 octobre 1997. L'office d'information du Conseil des affaires d'État fit une déclaration intitulée *Le Point sur la liberté de croyance religieuse en Chine*, communément appelée l'« article en blanc ». En lisant le dernier paragraphe de la quatrième partie de cette déclaration, qui a trait à l'Église catholique, vous constaterez combien elle paraît étrange et peu cohérente :

« Le gouvernement chinois s'en tient à une politique étrangère indépendante et pacifique. Il est désireux d'améliorer ses relations avec le Vatican, mais aux deux conditions fondamentales suivantes : primo, le Vatican doit rompre ses « relations diplomatiques » avec Taïwan, et reconnaître que le gouvernement de la république populaire de Chine est le seul gouvernement légitime de la Chine, et que Taïwan n'est qu'une partie intégrante de la Chine. Secundo, le Vatican ne peut s'ingérer dans les affaires intérieures de la Chine sous prétexte de religion. La relation entre la Chine et le Vatican est, en premier lieu, une relation entre États. Le problème de la religion ne peut être discuté qu'après l'amélioration de cette relation entre États. Mais que la relation entre la Chine et le Vatican s'améliore ou non, le gouvernement chinois soutiendra résolument l'Église catholique de Chine dans son patriotisme, dans son administration indépendante et autonome des affaires religieuses, et pour élire et sacrer les évêques elle-même. »

On voit bien à travers ce passage que l'attitude des communistes chinois à l'égard du Vatican ainsi que leur politique relative à l'Église catholique sur le continent chinois n'a pas changé d'un iota depuis le début des années cinquante, date à laquelle ils lancèrent leurs premières terribles vagues de persécution. Ce qui signifie d'une part qu'ils rejettent obstinément la primauté du souverain pontife sur l'Église, et donc la primauté de son choix pour nommer les évêques, comme c'est de mise pour tous les autres pays du monde; d'autre part, qu'ils poursuivent la persécution de l'Église catholique clandestine tout en contrôlant et assujettissant complètement l'église patriotique officielle. Ils appellent leur propre ingérence intérieure et leur pouvoir absolu sur les affaires religieuses « *respect entier et garantie législative de la liberté religieuse* » ou « *principe d'indépendance et d'auto-administration des religions chinoises* ». Sans jamais laisser échapper un seul mot sur les véritables mesures restrictives en matière religieuse et sur l'oppression, ils n'ont fait que discuter les articles de la Constitution et les lois sur la liberté religieuse et sa sauvegarde, sans jamais rien mettre en application. Ils n'ont jamais reconnu la réalité de la persécution religieuse qu'ils ont fait subir à l'Église catholique, mais ils ont toujours essayé au contraire de se disculper en niant par n'importe quel moyen l'illégalité de leur comportement. Ils ont même eu l'audace de se vanter et d'affirmer avec obstination que le peuple jouissait d'une liberté identique en tout point à celle dont jouissent les autres pays. Ça fait maintenant près d'un demi-siècle qu'ils assènent des mensonges aux gens de l'intérieur du pays comme aux étrangers, tant sur les questions religieuses que dans bien d'autres domaines. Ils sont bien en cela les fidèles disciples d'un Paul Joseph Goebbels (1897-1945), ministre allemand de la propagande nazi dont ils appliquent à la lettre le fameux adage : « *Répétez un mensonge un bon millier de fois, et il devient une vérité !* »

Ce document communiste fut remis à la presse la veille de la visite aux États-Unis du leader Jiang Zemin. Leur intention n'échappait à personne. Et, concrètement, plus leur ligne de conduite visait la dissimulation plus l'évidence perçait, un peu comme dans le conte populaire où un homme, ayant enterré trois cents taëls d'argent, avait déposé un billet juste à cet endroit et y avait écrit : « *Ici, il n'y a pas trois cents taëls d'argent !* ». Pour le peuple qui n'est pas dupe et qui a le sens de la justice ce n'était qu'une façon de faire patte de velours, ça laissait apparaître un sentiment de culpabilité et c'était agir gauchement. Mais les faits sont là, et les faits parlent plus fort que les mots : « Quand il n'y a pas de liberté religieuse » cela ne signifie rien d'autre qu'« il n'y a pas de liberté religieuse ». Toute justification verbale ou écrite ne sert à rien et reste totalement vaine.

Depuis le début des années cinquante, date à laquelle les communistes chinois réussirent, par la force armée, par une propagande trompeuse et de fausses promesses de démocratie, de liberté et de bonheur, à remporter la victoire sur le gouvernement nationaliste vaincu et à occuper le continent, leur projet de conquête de l'île de Taïwan n'a jamais été abandonné. Ils ont maintenu leur position arbitraire et sans fondement selon laquelle leur pouvoir dictatorial est le seul gouvernement légal en Chine et selon laquelle Taïwan est une partie inaliénable de leur territoire. Ironiquement et tragiquement, c'est justement au plus fort de la crise la plus terrible et la plus noire que la Chine ait subi, celle de la révolution culturelle, qu'ils parvinrent à faire adopter leur postulat, par 76 voix contre 35 et 17 abstentions, lors de l'Assemblée générale des Nations-Unies qui s'est tenue le 25 octobre 1971. Date à partir de laquelle ils furent autorisés à prendre la place du gouvernement nationaliste chinois, un membre fondateur, aujourd'hui évincé. Depuis ce jour, ils ont cherché par tous les moyens à isoler Taipei au sein de la communauté internationale, lui faisant subir en même temps une menace constante d'invasion par la force. Ils n'ont jamais diminué leurs efforts pour s'assurer le concours de certains pays afin d'être reconnus officiellement, et ceci en accordant certains avantages commerciaux. Même s'ils sont bénéficiaires quoiqu'il arrive, grâce à une balance commerciale excédante due à un taux d'exportation en pleine croissance, incluant des armes antipersonnel. Sinon, ils ont recours aux pressions, aux protestations ou aux menaces pour que les autres pays n'améliorent ni ne développent d'échanges économiques ou de relations diplomatiques avec Taïwan. Malheureusement, pour établir des liens diplomatiques, de nombreux hommes d'État et de pays, dont les États-Unis d'Amérique, ont fini par céder à la tentation que représentait un vaste marché prometteur fondé sur un gigantesque territoire et une population si importante, au mépris de la morale, de la justice ou des principes fondamentaux de démocratie et de liberté ; ils ont finalement accepté les conditions préalables qui consistaient à annuler les relations diplomatiques qui existaient avec Taïwan, désormais considéré comme une partie de la souveraineté territoriale communiste.

Ainsi, sur la scène internationale, les dirigeants communistes chinois ont fait preuve d'un véritable hégémonisme par le terrible pouvoir dont ils ont fait preuve en forçant toutes les nations à nier outrageusement la réalité de l'existence de deux Chines : la république de Chine et la république populaire de Chine, ou pour mieux dire, la Chine libre et la Chine communiste. Mais, comment est-il possible d'en arriver à désavouer un fait dont la réalité est indéniable et indiscutable depuis un demi-siècle ? Et, comment peut-on en arriver à céder aux exigences absurdes des communistes et accepter de soviétiser la Chine libre ? Pour l'instant, le peuple chinois sur le continent est privé de ses droits de l'homme et de sa liberté religieuse en dépit d'un développement économique rapide, tandis que sur l'île précieuse, l'autre peuple chinois a brisé, quant à lui, la menace communiste, les pressions et le blocus, il a créé un véritable miracle économique, marchant résolument vers un processus de démocratisation, et jouit actuellement d'une liberté religieuse et d'une prospérité économique. Malgré tout, sous prétexte de nationalisme et d'unité étatique, l'autorité intransigeante des communistes chinois persévère dans ses desseins ambitieux et cherche encore à renforcer son encerclement tyrannique autour du peuple de la Chine libre. Ils continuent aussi à persécuter l'Église catholique sous couvert de patriotisme, d'indépendance, d'auto-administration et sous prétexte de leur opposition à toute ingérence étrangère. Il reste que la justice finira immanquablement par l'emporter sur l'injustice, la démocratie sur l'autocratie et la liberté sur la tyrannie. Dès le tout début le Christ avait dit à saint Pierre, prince des Apôtres, « *Tu es Pierre, et sur cette pierre je bâtirai mon Église, et les portes de l'enfer ne prévaudront pas contre elle.* » *(Mt 16, 18)* Deux mille ans d'histoire ont vérifié cette déclaration solennelle du Seigneur, et l'histoire continuera à le faire !

La persécution communiste chinoise actuelle se manifeste de deux manières. D'une part par une intensification de la répression visant l'Église catholique clandestine, et, d'autre part, par le maintien du contrôle strict sur l'église patriotique, qui doit servir à des fins de propagandes politiques. Ils ne permettent pas à ses membres de professer publiquement leur allégeance au pape, leur reconnaissance de la primauté du pape, en particulier en ce qui concerne la nomination des évêques ; ils les encouragent même à tourmenter les catholiques fidèles. Sous prétexte de non-enregistrement et d'illégalité, ils essayent d'interdire et de faire disparaître toutes sortes d'activités religieuses légales des catholiques fidèles en ne leur restituant pas leurs églises d'origine, en détruisant des chapelles à peine construites et en infligeant diverses sanctions. Ils persécutent les évêques, les prêtres et les laïcs fidèles avec les mêmes mauvais procédés de duperie qu'ils utilisent en général pour réprimer les dissidents. Quand l'opinion internationale et les organisations pour la défense des Droits de l'homme élèvent la voix pour dénoncer et condamner, les voilà acculés à relâcher le prisonnier en question pour calmer le jeu ; mais au même moment, ils arrêtent dans le secret ou arrêtent de nouveau quelqu'un d'autre. Ce genre de procédé d'arrestations et de libérations en alternance a été utilisé comme alternative et est devenu un moyen de marchandage dans les tractations politiques au niveau international. Depuis une vingtaine d'années, d'année en année, par ce seul et subtil moyen, les Droits de l'homme et la liberté religieuse sont cyniquement bafoués à la face du monde entier !

Devant la menace communiste chinoise, et face à ses orientations figées et à ses défis, la communauté catholique internationale, ainsi que des chefs politiques, ont vraiment réagi avec responsabilité en dénonçant systématiquement la persécution religieuse et la violation des Droits de l'homme, faisant constamment pression pour les amener à changer de ligne. Il ne faut pas se faire d'illusion, et encore moins sortir de nos principes sous prétexte de s'octroyer le privilège de quelques gains éphémères. Les faits ont déjà démontré qu'avec la bonne volonté d'annoncer l'Évangile et d'œuvrer pour l'unité de l'Église, un certain nombre de communautés catholiques et d'individus, bien qu'ayant apporté avec générosité leur soutien et leur aide financière à l'église patriotique, ont complètement échoué dans leur objectif d'amener les communistes chinois à faire le moindre progrès ou à relâcher leur persécution. Ces démarches ont au contraire engendré des effets pernicieux en véhiculant un peu partout dans le monde l'image d'une église patriotique, sous contrôle communiste, qui serait une véritable Église catholique. Or c'est littéralement *prendre des yeux de poisson pour des perles*, comme dit l'expression populaire, que d'imaginer que la persécution puisse ne plus exister et que la liberté a été totalement recouvrée.

Bien plus, l'Église clandestine a été ignorée, oubliée, isolée, abandonnée et laissée sans aide, seule avec ses souffrances. Ses enfants, qui ont été fidèles, ont été blessés au plus profond d'eux-mêmes, réprimés sans cesse et soumis à de constantes pressions pour qu'ils rejoignent l'église officielle. Pour parler franc, le parti communiste chinois n'est pourtant rien de plus qu'un tigre de papier aux apparences extérieures imposantes mais dont l'intérieur est faible ou plutôt dont l'aspect est violent mais qui est en fait mou dans le ventre. La seule détermination de le défier permet de le renverser, de le vaincre et de le mettre en échec. C'est ce que mon expérience de 33 années de lutte au nom de la foi contre les communistes m'a appris.

A la fin des années soixante-dix, lorsque le régime rouge a bien dû, par la force des choses, mener une politique d'ouverture à l'intérieur du pays comme avec l'extérieur, l'Église catholique du continent, qui avait été persécutée et écrasée sur une si longue période, s'est mise à revivre soudainement comme émergeant d'un profond silence et surgissant de ses ruines; et, en l'espace d'une nuit ses enfants par millions réapparurent miraculeusement œuvrant au grand jour dans toutes sortes d'activités religieuses. Ceci étonna non seulement le régime lui-même, mais aussi le reste du monde. Au bout d'un an, après s'être soudainement réveillé, le régime s'est mis à utiliser de nouveau la même vieille méthode qui consiste à manipuler l'association patriotique des catholiques chinois et ses membres pour contrôler et détruire l'Église ressuscitée. De nouveau, de nombreux prêtres et des laïcs fidèles firent le choix courageux de rester dans l'Église souterraine pour pouvoir rester dans l'obéissance au Seigneur Jésus Christ et à son vicaire le pape, plutôt que de participer au culte officiel de l'église patriotique contrôlée par les communistes. Ils célèbrent leurs messes et font leurs prières chez eux, dans des endroits tenus secrets, en plein air ou bien même dans des chapelles à peine construites, mais détruites aussitôt[1], prenant le risque à chaque fois d'être battus, d'être sanctionnés par des amendes, d'être arrêtés, emprisonnés, torturés, voire même assassinés. Leur noble esprit de combat, qui ne craint pas de souffrir et qui sacrifie généreusement leur vie au nom d'une Foi entière devrait servir d'inspiration à nous tous, à toute l'Église catholique et au monde entier, et représente certainement une véritable espérance pour l'avenir promis à l'Église en Chine. Nous croyons qu'avec l'intercession et l'aide de Notre-Dame de Chine, et qu'en s'appuyant sur l'amour et la puissance du Seigneur, ils arriveront à tenir ferme dans le juste combat et tiendront jusqu'au bout. Nous croyons qu'ils finiront par remporter les lauriers de la victoire.

15 août 1999

1. Note : La dernière destruction officielle rendue publique d'une nouvelle église, témoignant d'une autre persécution terrible que subissent les catholiques fidèles de la province du Fujian, est relatée dans le numéro de juin 1998 du San Francisco Chinese Catholic Newsletter. Cet événement s'est passé le 9 mai 1998 dans le village de Houlu de la bourgade de Xilan dans le district de Luoyuan, près de la Mer Orientale. Cette église de 600 mètres carrés venait d'être reconstruite sur ses fondations d'origine avec l'argent gagné durement des quelques milliers de catholiques pauvres et honnêtes, soit près de 400 000 yuan (US$ 48 000). Ce matin-là, à l'improviste, plus de 130 personnes, des officiels communistes et de la police du district et de la bourgade ont déferlé en ordre de bataille dans la vallée appauvrie, montés sur des Jeep et des camions, pour stopper « les activités illégales de l'Eglise clandestine » et interdire « l'église construite illégalement ». Ils commencèrent par faire sortir de force de l'église les fidèles en prière, les blessant en les traînant ou en les battant ; ensuite, ils la détruisirent entièrement avec des bulldozers en deux heures environ.

Table des matières

Deuxième partie
Musique dans l'air

ACHEVÉ D'IMPRIMER EN FÉVRIER 2000
SUR LES PRESSES DES ÉDITIONS TÉQUI
53150 SAINT-CÉNERÉ
N° d'édition : T53 1323
Dépôt légal : février 2000